U0502980

『治国良臣』系列

民族大义
林则徐

姜正成◎编著

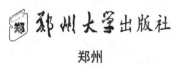

郑州大学出版社

郑州

图书在版编目（CIP）数据

民族大义——林则徐 / 姜正成编著 . —郑州：郑州
大学出版社，2018.1
（治国良臣）
ISBN 978-7-5645-4241-2

Ⅰ.①民… Ⅱ.①姜… Ⅲ.①林则徐（1785-1850）
–传记 Ⅳ.① K827=52

中国版本图书馆 CIP 数据核字（2017）第 078744 号

郑州大学出版社出版发行
郑州市大学路 40 号   邮政编码：450052
出版人：张功员   发行部电话：0371-66658405
全国新华书店经销
虎彩印艺股份有限公司印刷
开本：710 mm×1 000 mm 1/16
印张：15.75
字数：211 千字
版次：2018 年 1 月第 1 版   印次：2018 年 1 月第 1 次印刷

书号：ISBN 978-7-5645-4241-2 定价：43.80 元
本书如有印装质量问题，请向本社调换

前言

　　林则徐是鸦片战争时期主张严禁鸦片、抵抗侵略的爱国政治家。史学界称他为近代中国"开眼看世界的第一人"。

　　林则徐字元抚，又字少穆，晚号村老人。福建侯官（今福建福州）人。清嘉庆九年（1804）中举。嘉庆十六年（1811）中进士。曾与龚自珍、魏源、黄爵滋等提倡经世致用之学。先后外任浙江杭嘉湖道、盐运使，江苏按察使、江宁布政使，道光十二年（1832）授江苏巡抚。在任上，他整顿盐务、兴办河工、筹划海运，采用劝平粜、禁囤积、放赈济贫等措施救灾抚民。他是一位杰出的水利专家。为克服银荒和利于货币流通，他反对一概禁用洋钱，提出自铸银币的主张，为中国近代币制改革的先声。

　　道光十七年（1837），林则徐升任湖广总督。此时鸦片已成为严重弊害，黄爵滋上疏主张以死罪严惩吸食者。林则徐提出六条禁烟方案，并率先在湖广实施。八月，他上奏指出，历年禁烟失败在于不能严禁；九月应召进京，力陈禁烟的重要性和禁烟方略。

　　道光十八年（1838）秋，他受命为钦差大臣，前往广东禁烟，揭开了他一生中最重要的篇章，也不自觉地揭开了中国近代史的第一幕。他在禁烟时，又积极整顿海防，筹备战守。道光二十年（1840）夏，英军入侵后，道光皇帝认为是他惹的祸，将他革职后充军伊犁。后来，皇帝又念及林则徐的忠心，于道光二十六年（1846）重新起用他，并授予林则徐陕甘总督、云贵总督等要职，直至他于道光二十九年（1849）因病辞官返乡。

林则徐禁烟前，中国封建王朝仍以"天朝君临万国"的心态紧闭大门，国人对外部世界茫然无知，认为英国人吃的是牛羊肉磨成的粉，食之不化，离开中国的茶叶、大黄就会"大便不通而死"。清朝官员也称英国人膝盖不能打弯，所以拜见中国"万岁"就不能下跪。林则徐刚到广州时，也称茶叶、大黄是"制夷之大权"，相信夷人膝盖伸展不便，认为"彼万不敢以侵凌他国之术，窥伺中华"。因此，他对英国发动战争的估计也是不足的。

不过，林则徐和那些顽固、愚昧的封建官僚的区别在于，他一旦接触到外部世界，便逐步发现和承认西方有许多长处值得中国学习借鉴。他虽然不懂外语，却注意"采访夷情"，派人专门收集澳门出版的外国人办的报纸书刊，并把出身低下却懂英文的人招入钦差行辕，进行被当时顽固派认为是大逆不道的翻译工作。林则徐夜夜仔细阅读、研究译文资料，并把译成中文的《澳门月报》编辑为《论中国》《论茶叶》《论禁烟》《论用兵》《论各国夷情》等五辑。最有价值的工作是他组织翻译了1836年伦敦出版、英国人慕瑞所著的《世界地理大全》，命名为"四洲志"，该书成为近代中国第一部系统介绍世界自然地理、社会历史状况的译著。

道光二十一年（1841），林则徐被流放途经扬州时，遇到了学识渊博的友人魏源，便把《四洲志》等有关资料交给魏源。魏源随后编出《海国图志》，书中概括的"师夷长技以制夷"的著名思想，正是源自林则徐学习西方先进技术以求富强，来抵抗西方侵略以求独立的爱国主义主张。

林则徐的传记，其实就是一部充满血泪的近代史。在那个时代，我们的国家还没有完成由传统封建帝国向近代工业化国家的转型，所以我们百事不如人，只能任人欺凌，林则徐、魏源这样的爱国者，当时是多么的愤懑，多么的失望，我们是可以想象的。

震动中外的虎门销烟，铸造了林则徐一生辉煌，但静观他辉煌之后的坎坷，却让人感慨万千。同时，我们也要认识到，林则徐被罢免了，鸦片战争失败了；如果他不被罢免，鸦片战争就能胜利吗？

　　这是读者需要思考的。

目 录

 第一章　乘风破浪

　　林则徐家境贫寒，祖父林正澄、父亲林宾日都是在私塾教书的穷秀才。据说，林则徐的祖父还曾卖房还债，而父亲林宾日因家境贫苦，直到三十岁才得以娶妻生子。或许正是由于这个原因吧，身为一介寒士的林宾日给自己的儿子取名为"则徐"，期望他将来能够飞黄腾达，光宗耀祖。

 第二章　"林青天"

　　1832年，林则徐调任江苏巡抚。江南水乡，河网密布，经济发达。这里既是全国最富庶的地区，也是各种矛盾最集中的地方，如田赋漕粮、农田水利、赈灾安民等，不一而足。这些老大难的问题，犹如洪水猛兽一般，无不令人望而生畏。然而，它们所阻挡的永远都只是弱者的脚步。林则徐并不是弱者，接旨后，他毫不犹豫地赶往苏州就职。

第三章 山雨欲来

为了开拓市场，为本国产品寻找销路，英国向外扩张殖民地的活动随之日益加强。而疆域辽阔、人口众多的中国成了英国垂涎的对象。

1836年，曼彻斯特商会上，首相迈尔本与外交大臣帕麦斯顿的备忘录中有这样的话："中国为英国制造业提供一个销量庞大而又迅速扩张的市场，同时又为印度的出产提供销路，相信其数达300万镑。"

曼彻斯特的制造商私下甚至互相议论："如果每个中国人的衬衣下摆长一英寸，我们的工厂就得忙上数十年！只要能够打开这个壁垒就好了。"

第四章 南国风云

震动中外的虎门销烟开始了！人们将过秤后的鸦片，逐个切成四小瓣，抛入盐池内，经过一段时间的浸化，又把一担担烧透了的石灰倒下去，用铁锄、木耙反复翻戳。顿时，销烟池沸滚如汤。人们欢呼雷动，声入九天。

销毁鸦片的这一庄严的伟大行动，不但向全世界表明了中国人民反抗外来侵略的坚定决心，同时，也在世人面前，洗刷了中国的耻辱。

第五章 革职流放

1841年，道光帝下旨将林则徐、邓廷桢革去官职，流放伊犁。不久，裕谦从江苏回到了镇江，正与老朋友畅谈抗英大业的时候，这道圣旨来到了镇江军营。裕谦顿时惊呆了，他因为好友的悲惨遭遇而痛心不已，也因为朝廷奸臣当道、善恶不分而义愤填膺！然而，林则徐却镇定自若，坦然面对这一沉重的打击，默默地收拾行囊。

第六章 最后日月

1846年冬，林则徐结束了颠沛流离的流放生活，在玉门县接旨，以三品顶戴接署陕甘总督。第二年又调任云贵总督，不管在哪里，他都一心为国，鞠躬尽瘁。1850年4月14日，林则徐回到了故乡福州。此时，林则徐已经是一个百病缠身的垂垂老者，但是他那忧国忧民、反抗侵略的爱国意志却老而弥坚。

第七章 精神不死

林则徐的业绩，是举世公认的。他的高尚情操，也是世人所称颂的。

中国历代知识分子在民族危难之秋，都有一种深沉的忧患意识。这种意识，源于儒家传统美德。北宋范仲淹说："先天下之忧而忧，后天下之乐而乐"，就是中华民族忧患意识的代表。

附录

第一章

乘风破浪

林则徐家境贫寒，祖父林正澄、父亲林宾日都是在私塾教书的穷秀才。据说，林则徐的祖父还曾卖房还债，而父亲林宾日因家境贫苦，直到三十岁才得以娶妻生子。或许正是由于这个原因吧，身为一介寒士的林宾日给自己的儿子取名为「则徐」，期望他将来能够飞黄腾达，光宗耀祖。

寒门学子

福州，地处闽江下游，是一座历史悠久的文化古城。早在秦汉时期，这里就是古代越国的都城。后来西汉灭越，又在此设置侯官县。沧海桑田，世事变迁，但这里却一直作为福建的政治、经济和文化中心，巍然屹立在我国的东海之滨。从元代始，这里就是我国与南洋地区开展贸易的枢纽，所以这里经济繁荣，物阜民丰。再加上宋代理学家朱熹以及明代大儒王阳明的弟子又曾在这里聚众讲学，更使它成为东南的文化重镇，向来有"海滨邹鲁"的美誉。

清乾隆五十年（1785），林则徐诞生于福建侯官（今福州）西门街定远桥边的一间小屋子里。

这户人家的主人，名叫林宾日，三十七岁，是一位以教书为生的穷秀才。他的妻子陈帙，是闽中宿儒陈圣灵的第五女，二十七岁。他们膝下，已有几个女儿，曾养育过一个男孩，取名鸣鹤，不幸早逝。刚刚坠地的婴儿，是一个男孩，虽然已是夜半更深，一家人欢天喜地，竟毫无睡意。

说起林家，还得远溯到两晋时期。那时候，中原地区战祸不断，政权更迭，为了逃避战乱，中原百姓纷纷举家南迁，林则徐的先祖九牧林氏也随着滚滚人流来到了福建莆田。到了宋代，林家又迁至福清县的杞店乡。清朝初年，林则徐的五世祖林学曼才最终定居侯官。

林则徐出生时家境贫寒，祖父林正澄、父亲林宾日都是在私塾教书的穷秀才。据说，林则徐的祖父还曾卖房还债，而父亲林宾日因家境贫苦，直到三十岁才得以娶妻生子。或许正是由于这个原因吧，身为一介寒士的林宾日给自己的儿子取名为"则徐"，期望他将来能够飞黄腾达，光宗耀祖。

深受儒家"学而优则仕"思想影响的父母早早地就对林则徐进行有针对性的启蒙教育。刚满三岁时，父亲坚持每天把林则徐抱到私塾里，让他坐在自己的膝盖上，口授四书五经。从四岁起，林则徐就正式跟着父亲在书馆读书了。六岁那年，林宾日便开始教儿子写八股文。一直到十二岁，林则徐都始终跟随父亲就读于家乡的文笔书院。

林则徐读书时非常刻苦，他自己后来回忆说："每际天寒夜永，破屋三椽，朔风怒号，一灯在壁，长幼以次列坐，诵读于斯，女红于斯，肤栗手皲，恒至漏尽。"寒冬腊月的晚上，他和姐妹们一起就坐于灯前，读书、做事，尽管他们的手脚都被冻得裂开了一道道口子，但他们还是咬紧牙关，一直坚持到半夜才肯休息。

这时，林家的生活也比较清苦。每到除夕之夜，林则徐一家才能非常难得地吃上一顿素炒豆腐。即使这样，对于他们来说，也已经算得上是美味佳肴了。并且，只有在除夕之夜，挂在他们家墙壁上的那盏油灯才会令人难忘地出现两根灯芯。

为了读书，林则徐经常把自己的衣服送到当铺里换钱；有一段时间，林则徐曾到闽县的衙门里去做兼职，当一名辛苦的抄写员，用自己微薄的劳动所得去购买书籍。于是，便有好心人来劝林宾日，让儿子林则徐去做生意，赚大钱。深谋远虑的父亲当然不会同意，每每笑而不答。林则徐也非常懂事，每天早晨上学时，他都会把母亲和姐妹们夜间赶制的纸花送到店铺里去寄卖，等到晚上放学时，他再去把所卖的钱拿回来交给母亲。

然而，每当看到父母和姐妹们都在为生活不分昼夜地辛勤忙碌着，林则徐还是深感不安，母亲却一直坚定地对他说："男儿务为大者、远者，岂以是琐琐为孝耶？读书显扬，始不负吾苦心矣。"母亲教育他好男儿都应该志存高远，而不要误认为多做些家务就是对父母尽到了孝心，只有将来读书做了大官，那才是不枉父母的一番苦心。

父母的谆谆教诲激起了林则徐奋发苦读的决心，幼时艰辛的家庭环境则培养了他在任何条件下也不会向困难低头的坚毅品格。

宝剑锋从磨砺出，梅花香自苦寒来。由于父亲教导有方，加上自己的刻苦攻读，少年时期的林则徐就文采出众、非同凡响，是一名妇孺皆知的"神童"。

一次，有人出了一个上联"鸭母无鞋空洗脚"来试试他的才学，林则徐马上对答"鸡公有髻不梳头"，令对方大加赞赏。还有一年过元宵节，老师出题"点几盏灯为乾坤作福"，让学生对对子，林则徐立即应声作答："打一声鼓代天地行威"。

有一回，老师带着一群孩童去游玩鼓山顶峰。兴之所至，老师让自己的学生以"山""海"为题各作一对七言联句。当其他孩子还在冥思苦想的时候，林则徐率先吟出了"海到无边天作岸，山登绝顶我为峰"的千古名句。

十二岁的林则徐在参加郡试的时候，因为和另外一位老童生的成绩一样，所以主考官就决定给他们加试一场对对子，上联是"童子何知"。老童生半晌无语，林则徐却立刻张口对答"大人利见"，使老童生不得不甘拜下风。《易经》中有"利见大人"之语，林则徐巧妙用典，让考官赞赏。

林则徐的父母不仅在学习上处处严格要求自己的儿子，而且时时以身作则，教育儿子长大后一定要做一个善良、正直的人。林宾日自己经济拮据，步履维艰，却时常去周济其他穷苦人，有时甚至还会慷慨解囊，资助人家去参加考试。有一回，林则徐就亲见父亲把米送给了一贫如洗的三伯父林天策，却让自己一家忍饥挨饿。父亲还再三告诫他："汝三伯父来，不得言未举火"——如果三伯父来了，千万不要告诉他，自己家里还没有生火烧饭。这种助人为乐、舍己为人的高尚情操犹如春风化雨般悄悄地滋润着林则徐幼小的心灵。

千教万教教人求真，千学万学学做真人。林宾日还是一个清贫自守的典范，他时刻以自己的言行举止为榜样，为儿子指明正确的人生方向。有一回，一个乡绅拿重金来贿赂他，想请他帮忙保送一名考生，结果遭到了他的严词拒绝。还有一次，乡里的一位土豪劣绅想花高价钱聘请他去书馆教书，林宾日认为此人行为不端，毫不在乎对方提出的优厚待遇，一口回绝了他。

父母的言传身教，在林则徐幼小的心灵里播下了诚实善良、刚正不阿的种子，而发生在他身边的"林雨化事件"，更让他较早地认识到民间百姓的疾苦，同时也看清了清代吏治的腐败。林雨化，字希吾，福建闽县人，既是林则徐的同宗长辈，又是其父林宾日的好友。乾隆末年，他因为揭发福建按察使钱士椿贪污受贿、营私舞弊而遭到报复，被对方罗织罪名，遣戍新疆。数年后获释归来，他虽已年届耳顺之年，却仍然意气风发，始终保持着当年那种疾恶如仇的高尚情操，他的事迹令林则徐十分敬佩。

在父辈高尚人格的熏陶下，林则徐一天天地走向成熟。步入仕途之后，他不仅时刻注意体察民情，而且为官正直，始终保持着一种悲天悯人的情怀，始终保持着那份不与贪官污吏同流合污的正气。

千淘万漉虽辛苦，吹尽黄沙始到金。文思敏捷的少年林则徐渐渐驶入了他人生的快车道，1796年，十二岁的林则徐去参加岁试，牛刀小试，便喜中佾生（清代朝廷及文庙举行庆祀活动时，充任乐舞的童生，文的执羽箭，武的执干戚，合乐作舞，又叫"乐舞生"，简称佾生）。第二年，他又去参加府试，并再次一举夺魁。十四岁那年，林则徐再展雄风，轻轻松松地考中了秀才，并入学鳌峰书院。

鳌峰书院是福建当时的最高学府，入读书院者皆非泛泛之辈。尤其幸运的是，在这里，林则徐这匹"千里马"遇到了"伯乐"。鳌峰书院的院长郑光策先生（字宪光或琼河，号苏年，进士出身），为人清廉正直，他身上有种不畏强权的精神，让林则徐肃然起敬。

在书院里，郑光策大力倡导"经世致用"，要求学生都要"以立志为主"，鼓励学生要胸怀大志、为国读书，这在林则徐心中打下了深深的烙印。郑光策热心当世之务，对嘉道间的闽省时政都有深刻独到的见解，这些见解也对林则徐"经世致用"思想的形成有着潜移默化的作用。应该说，郑光策是林则徐人生道路上不可忽视的优秀导师。

此时此刻，林则徐仿佛是一只展翅欲飞的雏鹰，踌躇满志，意气风发。他憧憬着无限美好的未来，他的胸膛里仿佛正熊熊燃烧着一堆"俱怀逸兴壮思飞，欲上青天揽明月"的激情之火。

春风得意

1804年秋天，二十岁的林则徐参加乡试，中第二十九名举人。在揭晓举行鹿鸣宴的那天，他迎娶郑淑卿过门，结婚成亲。

郑淑卿年方二八，温柔贤淑，能诗善文。她的父亲郑大谟曾任河南永城知县，也是一位学者。据说，早在林则徐求学于鳌峰书院的时候，有一天早晨，倾盆大雨一直下个不停，滞留在家中的郑大谟忽然听到窗外传来了琅琅的读书声。他循声望去，只见一个十三四岁的英俊少年，手捧着书本，正站在那儿专心致志地高声诵读着。风声，雨声，读书声，声声入耳。郑大谟越看越是喜欢，于是就将少年招进家中，与之亲切交谈。攀谈中，郑大谟渐渐发现此少年不仅文思敏捷，而且小小年纪竟然谈吐不凡，评古论今也颇有见地。他想，这孩子绝非池中之物，将来必成大器。因此，他便有了将女儿许配给林则徐的想法，并最终如愿以偿。

1805年初，林则徐告别了新婚的妻子，带着父母和乡亲们的殷切期望，前往北京参加会试。他第一次离开家庭和故乡，一路上游历名山大川，寻访民情风俗，接触了社会实际，开阔了眼界。

谁知，首次会试却名落孙山。失望，难过，但他并没有颓丧。对于自己的前景，林则徐依然满怀信心。返回家乡后，迫于生计，他不得不像父辈们那样，去私塾里以授徒为业。

这一年秋天，林则徐应厦门海防同知房永清之聘，担任文书，从此走上了一条全新的人生道路。

厦门是在明代随着月港的兴起而逐渐发达的对外贸易港口，明末是民族英雄郑成功收复台湾、赶走荷兰殖民者的前进基地。清初海禁解除后，这里又曾是国内航运和对外贸易的重要港口，海面上樯帆林立，百货云集，十分繁华。英国最初与中国接触，商船就曾停泊在这里，进行贸易。1757年，清朝执行锁国政策，对外贸易仅限广州一地，但厦门与东南亚之间的贸易实际上并未断绝。至乾、嘉之际，这里仍有数十家商行和千余艘商船，是东南沿海的一大商港。

18世纪末，英国进行资本主义工业革命，经济和科学技术迅速跃居世界前列。资本主义生产的扩大，促使英国资产阶级走遍全球，寻找和开拓商品市场和殖民地，地大物博、人口众多，但经济技术落后的中国，便成了他们觊觎的对象。早在1699年，英国东印度公司就在广州建立商馆，1715年，又派驻大班，与中国进行以货易货的交易。东印度公司掌握对华贸易专利权，垄断最有利可图的茶叶贸易。虽然用于易货的英国毛织品年年亏本，还要运来大量白银（西班牙、墨西哥银元）交付，但茶叶贸易的利润抵补亏损后还有很高的盈余，这就使英国不愿放弃对中国的贸易。17世纪后半期，东印度公司推出新的出口货物——印度棉花，又特许英印散商即港脚商人来广州进行行外贸易，弥补公司广州贸易的差额，但因英国于1784年减低茶叶进口税，刺激了中英茶叶贸易的增长，贸易逆差仍然未能改善。英国商人为要求增辟通商口岸、减低税额、取消行商监督等，和粤海关以至清政府发生过许多争执，也均以清朝的拒绝而告终。这种状况，当然是英国资产阶级所不能忍受的。经过相当一段时期的摸索，他们终于找到平衡贸易收支的特殊商品——鸦片。

鸦片，又名阿芙蓉，由罂粟的汁液提炼制成，本是治疗咳嗽、痢疾的特效药。明代以药材纳税进口，一般仅作药用，并不吸食。传说早期吸食鸦片之法，系用烟管拌和烟草抽吸。清初，人们开始吸食鸦片。每年输入中国的鸦片，从最初的不超过200箱，逐渐增加到1000箱。林则徐到达厦门的这一年，仅英国输华的走私鸦片就达4306箱。鸦片走私的毒流，已经暗暗地从广东扩大到福建沿海。在厦门，一年英国输入的鸦片，值白银数百万两，不少文武员弁、士子兵丁"已皆有嗜鸦片之癖"，吸鸦片开始成为一个严重的社会问题。

厦门海防同知是"管理海口商贩、洋船出入收税，台运米粮，监放兵饷，听断地方词讼"的官吏。林则徐担任海防同知书记，不可避免地会接触到鸦片流毒问题。后来他到广州查禁鸦片，曾经理直气壮地警告外国鸦片贩子们说："本大臣家居闽海，于外夷一切伎俩，早皆深悉其详"。这话当然带有夸张的成分，但他早年注意到了外国鸦片贩子卑鄙行贿走私的种种伎俩，应当是可信的。

林则徐在厦门时，因为文牍办得不错，受到汀漳龙道百龄的激赏，认为他将来必成大器。1807年1月，张师诚就任福建巡抚，不久便届临除夕。传说，张师诚从各地属僚递来的新年贺禀中，发现一封写得十分出色，爱得不忍释手，便即刻派人寻查作者，传召上省来见。此人正是青年林则徐。林则徐于除夕黄昏匆匆赶到巡抚衙门，张师诚连夜留办折稿，亲试才学和修养，深感满意。元旦招见，将林则徐聘入他的幕府。

张师诚的识拔，是林则徐接触社会上层人物，改变人生道路的一次重要契机。从此，林则徐的从政经验日益丰富起来，他不但精通清朝的典章制度及兵刑大阵，而且通过切身的政治实践，他还强烈地感受到官民关系的重要性。因此，在以后的仕途中，林则徐自始至终都非常重视政事和民生。

林则徐入张师诚幕府后，家庭窘境有所缓解。他用自己的薪资，清偿了祖父所借的债务，又从谢家凑去十千文，买断父亲典来的左营司小屋。他父亲林宾日先生又因张师诚的推荐，带着弟弟林霈霖赴将乐主正学书院讲席，年得修金二百两。

对于张师诚的知遇之恩，林则徐深怀感激。他后来在《张兰渚中函六十寿序》中，深情地颂扬恩师对自己的栽培。

张师诚爱惜林则徐的才学，鼓励他求取功名。1808年，林则徐第二次上京参加会试，但不幸再次名落孙山。1810年底，林则徐再接再厉，第三次负笈北上。次年，他终于如愿以偿地荣登金榜。从此，他结束了长达四年的幕僚生涯，走向了一个更为广阔的人生舞台。

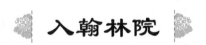

入翰林院

1813年6月，林则徐偕妻来到北京，进入翰林院庶常馆学习。

翰林院是清政府收藏典籍和编修史书的官方机构，林则徐充分利用这里藏书丰富的有利条件，如饥似渴地广泛阅读。他曾说："历代文献，我朝掌故，史臣所必当通晓者，不可不孜孜留意。"认为自己作为一名史官，通晓古今文献是起码的要求。翰林院庶常馆可谓是满清政府的人才储备库，因为清代的庶吉士都是经过重重考试、层层选拔择优录

取的社会精英分子，他们通常年纪较轻，经过翰林院的培养，他们就迅速成长为精明干练的统治人才。

在庶常馆，除了刻苦攻读古代典籍之外，林则徐还经常与同乡郭尚先一起研究经世致用之学，这为他日后从政奠定了扎实的理论基础。庶吉士的生活虽然清苦，但是对于林则徐来说却具有非常重要的意义，因为这里是他官宦生涯的起点。正是从这里开始，他一步一步地升迁为编修、检讨，继而进入翰林院，并最终青云直上。

当时，正是华北地区阶级矛盾激化，天理教农民大起义蓬勃展开的时候。

天理教，又名八卦教、三阳教、荣华会，是白莲教的一个支派，华北农民的反清组织之一。1811年以来，直隶以大兴县药店学徒林清、河南以滑县木匠李文成，积极展开革命活动，互相联络，酝酿起义。

1813年上半年，华北地区继大旱之后，又来大雨，直、豫、鲁三省交界各县，灾情特别严重。李文成、林清等见时机成熟，便秘密会盟，决定于10月8日在京郊和滑县同时举义，林清部打入皇宫，直捣清廷，李文成则在起事后，率豫东、鲁西北义军及时赶来接应。不料中秋节那天，滑县天理教徒因制造军械失事，被知县强克捷等侦知，李文成等被捕入狱。文成妻李张氏领导滑县教徒，提前发难，攻入滑县县城，救出李文成。知县强克捷仓皇缒城逃跑，后因嘉庆帝误认他被起义军所杀，下了恤典，不得不畏罪自缢于封邱。滑县举义的消息传开，冯克善等在山东曹县、定陶、金乡以及直隶长垣、东明等地，发动教徒起兵响应，杀官围城，烽火四时。

滑县提前起义，来不及通知林清。林清率领京郊天理教农民二百余人，仍按预定日期，攻打皇宫。在内传教徒的引导下，攻入西华门，占领尚衣监、文颖馆，直逼隆宗门。此时，嘉庆帝外出热河围猎，不在宫中。皇次子旻宁纠众踞养心殿顽抗，清廷禁旅亦急由神武门增援。京师大为震动，内外城因此而掩闭了四天。起义军在隆宗门一带坚持了二日一夜的战斗后失败，第四天，林清在近京的宋家庄被捕，不久处死。

京郊天理教农民军攻打皇宫事件发生后，嘉庆帝慌忙赶回北京，调集附近各省满汉劲旅开往河南、山东，强力镇压。1814年初，李文成于司寨力抗围剿的清军不支，自焚殉难。

直、豫、鲁三省天理教大起义虽然失败，但它以席卷中原、直捣清朝统治中枢的巨大声势，沉重地打击了封建清朝。林则徐从中依稀看到了大清王朝已经日薄西山，处处潜伏着严重的社会危机，然而他却不能理解自己将要依靠的这个神圣帝国为何如此不堪一击。为了支撑大厦将倾的封建统治，他毅然走上了一条漫长的求索之路。

务实作风

京师时期的林则徐，是一个政治地位不高的小官。他初到庶常馆时，领俸米为老米八石八斗五升，梭碎米一石九斗，1813年迁居粉坊琉璃街，1814年长子林汝舟出生。在这期间，他替人写书信来补贴用度，去书馆兼职授课，还接受过张师诚的接济，生活的困顿可想而知。1815年次子林秋柏出生，但三天后便夭折了。1816年长女林尘潭出生，1817年9月又添次女林金鸾，他的家庭经济负担更重了。

在京期间，少不了朋友宴饮，应酬文墨，迎来送往，这要花费不少时间。林则徐不太热衷社交，他认为"京官中实在好学者，百不得一"，"交游以少为妙"。

在他参加过的社交活动中留下深刻记忆的便属宣南诗社了。

宣南诗社是嘉庆年间的南方小京官组织的一个文学小团体。它的前身是嘉庆七年同科进士朱珔、吴椿、洪占铨、夏修恕、陶澍、顾莼于1804年冬组织的消寒会。初创时期的消寒诗会，基本上是同科进士之间的文酒唱酬，目的在于消寒，规模和影响都不大。后来，参加者打破了同科的界限，活动亦"不独为消寒"，成为居住在宣武坊以南一带，以南方小京官和知识分子为主体的文学社团，后又称宣南诗社、城南诗社。从1814年至1820年间，先后集会三十八次，参加诗社活动的，除刘嗣绾、周之琦系初创时期的老诗友外，还有黄安涛、梁章钜、翁元圻、李彦章、周蔼联、林则徐、程恩泽等新人。

诗社除聚会赋诗外，还探讨学术问题。从现存的集会诗来看，他们唱和的不外是饮酒、赏花、观碑、赏画和庆祝郑康成、苏东坡诞辰之类的即兴诗，没有多少政治内容。他们大多通于经学，长于考据，在学术上看不出有"反对汉学"的倾向。至于"时复商榷古今上下"，大体上是指对古今诗画、碑帖等的鉴赏品评，并不带有进步的政治色彩。不过他们地位相近，"多文学侍从之职"，都是南方人，且怀才不遇，有许多共同的语言，有时借诗抚今思昔，倾吐对时局变迁的感慨。

在白莲教起义和天理教起义之后，经世致用之学在京师渐渐流行，这反映了嘉庆时代文风的开始转变。龚自珍、魏源正是在这个时期来到京师，并在文坛上初露头角的。林则徐厌倦于庸俗的应酬社交，必然抓紧时间"力学而潜修"。为了通于政事，他利用京师的丰富藏书，"益究心经世学，虽居清秘，于六曹事例因革，用人行政之得失，综核无遗"。

1814年8月，林则徐开始酝酿写作《北直水利书》。其实，早在来京任职之前，林则徐就已经开始关注漕运问题了，他一路沿运河北上，详细记录了沿途所经过的河闸名称及相关数据。到了翰林院之后，史书中笔不绝书的那些漕运弊病更是引起了他的高度关注。

自唐宋以来，社会经济重心逐步南移，因而清政府每年都需要从南方六省征收几百万担漕粮，而后再动用四五千只帆船把这些粮食经由内河运到通州粮仓，以供京畿地区的官吏和军队食用。在征收和运输漕粮的过程中，上至漕运总督，下至州县官吏，无不趁机渔利，中饱私囊。与此同时，由于黄河治理不善，常常泛滥成灾，导致泥沙倒灌，阻塞河道，严重危胁着漕粮的正常输送。针对上述问题，林则徐仔细阅读了历代史书中所记载的相关资料，还从中摘录了近六十种关于在北方试种水稻的史料，最终酝酿出了一个大胆的设想：在京师地区兴修水利，种植水稻，就地取粮，以缓解南粮北运的压力，继而废除漕运，彻底去除漕运过程中的种种弊病。

林则徐将他的设想撰写成《北直水利书》。在该书中，林则徐不仅科学地论证了这一主张的科学性和可行性，而且详细地介绍了其具体的操作方法。他建议，首先在天津、河间、永平和遵化四个州县，一边兴修水利，一边循序渐进地开垦荒地，种植水稻。并且，他主张今后要根据北方所收获的粮食，折半到南方去征收漕银，作为垦荒基金。如此周而复始，那么十年后就既能够做到北方粮食自给，又可以从南方征收到几百万两银子，而且每年还可以节省下无数的漕务开支。

这是一个一举多得的好办法，倘若真能得到贯彻实施，那些漕运弊端自然而然就不禁自绝了。毋庸置疑，这一釜底抽薪之策，对于巩固清朝统治、开发北方经济以及发展农业生产，均具有显著的现实意义。然而，这仅仅是一种理论上的思考而已，因为倘若真正贯彻实施起来，就必然会触及方方面面的既得利益。所以说，虽然在客观上它的确是一种利国利民之策，但由于其牵涉面太过广泛，现实中很难付诸实施。

1816年，林则徐走出了平静的翰林院，去江西出任乡试副主考。据说，其父林宾日一听说自己的儿子将要出任乡试副考官，就立即修书一封，嘱咐他一定要为国家慎选人才。林则徐谨遵父命，他一面细心批阅考卷，一面严肃查处作弊现象。经过一番认真负责的工作，本届乡试最终录取了九十四名举人。这些士子，"素有文誉"且多为"清贫绩学者"，大都是一些家境贫寒但具有真才实学的人。张榜之后，林则徐到民间去访求意见，人们都心悦诚服，谓之"清榜"。

1819年，林则徐又再次离京，远赴云南去任乡试主考。在这次乡试中，林则徐一如既往地认真负责，他不但对全部试卷都细心校阅，详加评点，而且明确地提出了自己的人才观。他认为人才必须德才兼备，既要品格高尚，又要有真才实学。最后，当乡试结束的时候，他从中遴选出十四篇佳作，呈送京师。这一举动让皇上了解了他秉公办事、择优录取的工作方法和爱岗敬业、勤政务实的工作作风。

林则徐这两次奉差地方所展现出来的杰出才能，深得嘉庆帝的赏识。因此，1820年，他便由翰林院外放江南道，任监察御史，这是他主政地方事务的开始。从此，林则徐就得以大刀阔斧地施展其兴利除弊、匡时济世的伟大抱负。

就在这时，在河南仪封（今河南兰考县境内），由于黄河南岸的水利工程还没有完工，导致河堤决口、洪水泛滥、生灵涂炭。林则徐立刻前往调查，并很快就查清了情况。他发现造成水利工程进展缓慢的主要原因是贩运筑堤材料的奸商恶贾见利忘义、囤积居奇，他们趁工程急需材料的机会，哄抬价格，牟取暴利，结果使工地所需的筑堤材料往往得不到及时的供应。针对这种情况，林则徐立刻上奏朝廷，建议"严密查封，平价收买，以济供需"。于是，决口被迅速堵住。在这场工料风波中，林则徐和河南巡抚琦善发生了第一次正面交锋，后来在鸦片战争中两人还有更多的交锋。

第二章

『林青天』

1832年，林则徐调任江苏巡抚。江南水乡，河网密布，经济发达。这里既是全国最富庶的地区，也是各种矛盾最集中的地方，如田赋漕粮、农田水利、赈灾安民等，不一而足。这些老大难的问题，犹如洪水猛兽一般，无不令人望而生畏。然而，它们所阻挡的永远都只是弱者的脚步。林则徐并不是弱者，接旨后，他毫不犹豫地赶往苏州就职。

 # "三叹作吏难"

　　林则徐任职京官及奉差主考中所表现的才干，深受清廷赏识。1821年（嘉庆二十五年）3月21日，擢任江南道监察御史。御史，历来是一种言官，必须正直、无私、敢言敢干。林则徐在任内上疏弹劾福建澎湖副将张保，又弹劾琦善。

　　林则徐在江南道御史任上约两个月，于6月改授杭嘉湖道。当时的浙江巡抚陈若霖，福州螺州人，是林的同乡前辈。陈若霖为官清正，刚直不阿，有"陈若霖斩皇子"之说。应该说，这样的上司，对林则徐在浙江施展其政治抱负是个有利条件。

　　杭州城市虽然繁华，农村却是哀鸿遍野，土豪官吏狼狈为奸，鱼肉乡里，加上水利失修，人民生活苦不堪言。

　　林则徐上任之初，第一件事就是对知识分子进行鼓励和支持。他发布了《杭嘉湖三郡观风告示》，提出"愿效孙阳，相神驹于冀野，窃希雷焕，辨宝锷于丰城"，目的在于发现、选拔优秀人才。二是对敷文、崇文、紫阳三书院诸生，经甄别名次，即按名次发给津贴费，而不随课升降而有所变动。三是对优秀的士子给予楹帖的奖励。

　　第二件事就是支持陈若霖修海塘的计划。这项工程属于杭嘉湖道管辖，实际上是由林则徐一手负责。他深入实际，办事认真，发现"旧塘于十八层中，每有薄脆者掺杂"后，立即要求"新塘采石，必择坚厚"，因此新修之塘，不仅比旧塘高二尺，而且更为坚固。

　　第三件事就是整肃歪风。杭州城风气不好，胥吏勾结地痞，开放

"花会"聚赌，诈索钱财。他十分赞同朋友蒋攸铦的意见，"花赌一端，最为地方之害"，上任后即坚决取缔。当他发现"有道役在场包庇"立即将劣吏革职惩办，表现了扫除歪风、廓清吏治的决心。

这是林则徐第一次实际的从政活动。他信心十足，渴望以此为起点，实现他的"经世致用"抱负。

不料仅此几项措施，就给他带来意想不到的阻力。他为官清廉，迎来送往也本着节俭精神，却没有得到同僚的理解，因为官场铺张浪费的风气由来已久，已形成惯例，林则徐破坏了惯例，自然会得罪人。再者，亲朋好友来找他，他为政清廉，所以对他们的要求无法满足。更主要的原因是，他整肃歪风，修理海塘，触及了一些官吏的利益，以致出现了诽谤他的流言蜚语。他对官场的恶秽极为失望，深感好官难做。

虎门林则徐纪念碑

道光元年七月二十四日（1821年8月21日），林则徐得知父病消息，决意离任回家，走得非常苍促。林则徐为什么匆忙回家，父病当然是一种原因，但却不致因此放弃杭嘉道一职，这与林则徐"经世致用"思想格格不入。正如来新夏教授所分析那样，"他就任后的作为可能与当时的官场积习不能相容，使一些因循依违的官僚啧有烦言，成为他振作有为的阻力。"这在别人看来，就成为"不合于人以去"的原因。

对于这种阻力，也就是对于昏庸贪婪的官吏，林则徐不是妥协，而是抗争，告病离官就是一种方式。

林则徐在家闲居到次年三月间。原来他告病回家，是一种权宜之计，其"经世"志向并未放弃，加上生活上也有实际的需要，又于1822年（道光二年）3月24日离闽北上，赴京补官。6月13日得旨："著仍发原省以道员用"。林则徐想："向例病痊起复人员应在部投供坐补原缺，今得此恩旨，则浙省诸道缺皆可补授，圣慈逾格，感刻难铭。"这可以说是林则徐受到道光皇帝的第一次"知遇之恩"。

6月15日，道光皇帝亲自召见他，说："你在浙省虽为日未久，而官声颇好，办事都没有毛病，朕早有所闻，所以叫你再去浙江，遇有道缺都给你补，你补缺后，好好察吏安民吧。"林则徐请求圣训。道光帝说："照从前那样做就好了。"这又使林则徐感到意外。而这时杭城的好友官绅也欢迎他，深感"鱼鸟有情浑识面，士民于我若投胶"。君王的知遇，朋友的肯定，使他"经世"抱负重新得到信心。

7月24日，林则徐抵达杭州。在听候补授期间，浙江巡抚帅承瀛派委他本科监试。监试的任务是协助监临摄理外帘闱务。具体的差事包括考场的纪律监察和生活后勤总调度。乡试三场，上万名应试士子三进三出。少则五六昼夜，多则六夜九天生活在闱中；成千名执事人役，数十名考官，闱官入闱后非待差事完成不得出闱，少则十天，多则一个月。林则徐不仅认真、负责完成这次烦琐的工作任务，还表现出踏实、细致与干练的工作作风。

受委任后，林则徐立即着手检查科场案卷，整理文场稿件，熟悉外帘闱务，多次到现场督查修建工程的进展。他还到学署与学政一起落实本科应试士子的具体人数，并商量临时增添号舍的办法，以防万一。当时，"浙省誊录八百人，向来能书者仅及其半"，为了保证试卷誊录的质量，林则徐赴贡院亲自考选誊录生。这年天气特别热，为了保证考场用水，林则徐顶着骄阳，"自赴武林门外查看桃花港蓄水，拟为运送贡院之用"。总之，他从各个方面过细地为乡试做了充分的准备。

入闱后，林则徐跟随监临送主考入内帘；检查内外帘官行李，令归各所；点派各项执事人役；督视外帘各官亲印座号；指挥士子搜检入场；跟随监临赴内帘门接题；督视散发题纸；巡视考场；督视供给所分发各考官、士子食物；督促水夫挑送、接运考场用水；督视清场，贴出不合格式之试卷……一切都安排得有条不紊。第三场考试正逢八月十五，林则徐还命令给每个士子加发四枚月饼，以示关怀。

林则徐在这次闱差中表现出的认真、踏实、细致，干练、使得帅承瀛对他大为满意，倍加器重。八月二十九（10月13日），林则徐还在闱中即被朝廷简放江南淮海道。但是，帅承瀛硬是挽留林则徐在完成闱差后署任浙江盐运使，协助自己整顿浙江盐政长达三个多月，直到十二月二十四（1823年2月4日），林则徐才前往清江浦（今淮阴）就任。

清讼与赈灾

道光三年（1823）二月初，林则徐到江苏清江浦接任淮海道，不到半个月，又升任江苏按察使。从此他走上频繁调迁、奔走四方的仕宦道路。他所到之处，兴利除弊，治河赈灾，被誉为"林青天"。

按察使是主管一省司法刑狱的官吏。按清朝制度，每年三月，各省要将审拟重犯的材料上报刑部，等候七月会审具题，请旨裁夺，以便秋

后把死囚正法，是为"秋审"。

林则徐就任之初，就发现"两江案牍繁多，视浙省不啻数倍"，单京控就多至三十余起，而省及以下各属员却拖延不审。对此，林则徐明确规定，人证尽管就地取证，非重要证据，不必提解人证。限期审判，过期即予特参。几个月以后，九成的案件已经结案。

林则徐对于诬告十分气愤。因此着手"力拿讼师"，"以冀此风稍息"。此外还规定，一些偏远县份，一些轻案，可由巡道审理，减轻各地负担。同时要求官吏亲自审案，亲自阅审文牍。

为了稳定社会秩序，林则徐经过调查，捉拿了一批包揽妓船、开设烟馆、勾结胥吏、把持地方的地头蛇，使社会风气大为好转。

道光三年五月，江苏发生特大水灾，受灾遍及42个州县，5个卫所。田园、人畜、房屋损失严重，特别是贫苦之民，"颠连之状，呼号之声，不忍睹而所睹皆是也，不忍闻而所闻皆是也"在大灾之年，引发了松江饥民闹府署的事件。其起因主要是地方官赈灾不力。松江知府以报灾期限已过，阻止娄县（1912年并入华亭县，今上海松江）知县上报，于是饥民拥入府署，以至使府署受到破坏。知府将这事件视为"造反"，上报巡抚韩文琦，派兵弹压，并令候补道钱俊会同按察使林则徐究办，从严惩处。饥民殴打知府，这在封建法理是不可宽恕的，但是，经过审讯，林则徐只将殴打知府的严海观处决，其他17人流徙。林则徐不可能违反封建法律，但在允许的范围内，从宽处理。他认为这是因为官吏赈灾不力引起的，不能视为谋逆；对于那些赈灾不力的官吏，决不宽恕、回护，遂将娄县李传簪革职，发军台效力赎罪，松江知府杨树基交部"察议"。这表明林则徐的正直、无私，深得士绅赞许。

1823年12月，林则徐抵京，道光帝两次召见，再次表彰林则徐。道光帝对他说："你系翰林出身，文章学问好，此数年在外办事亦好，但刑名关系甚重，总须慎之又慎，准情酌理，不可稍存成见。"又说：

"你是精明的人，不要自恃精明，仍须靠定书本办事，所以律例是不可废的。"

1824年1月，林则徐往苏州接署江宁布政使，并继续采取重要措施解决全省灾害善后问题。他把稳定封建社会秩序作为最重要的事来抓，发布《禁止贫民借荒滋扰告示》，严禁骚扰大户，严禁为匪，在此前提下，采取措施，以解决饥民生活和生产问题。如：

一是劝说富户平粜，严禁奸商囤积居奇。

二是强行劝谕官吏、地主捐赈。当时一些地区，"业田甚多之户，相率阻捐"，有的竟把赈灾诬为"勒派"。对此，林则徐十分气愤，斥之为富不仁，坚决打击"为富不仁"的气焰。

三是鼓励邻省大米入境，并以免税刺激大量粮食流入，利用外省的粮食平抑灾区粮价。这项措施，确起了明显的作用。林则徐的政绩再一次受到当地士民的称颂。

1824年，林则徐刚好40岁，步入不惑之年。这之后，清政府对他越来越看重，因而，调动也极频繁。他奉旨总办江浙七省水利。接任不久，九月母亲病故，请假回籍奔丧。十一月间，高家堰十三堡、山盱六堡被冲决，洪泽湖外灌，导致与洪泽湖相连的淮河，水位下降，直接影响到漕运。漕运是清政府维系京都百官生活的重大政事，忽视不得。道光帝得讯，大为震怒，除将南河河运总督张文浩革职之外，特旨令林则徐"夺情"离家到工地主持修堤大事。1825年5月，他来到高堰六堡大堤工地，检查工作。由于疲劳过度，他的旧病复发，不得已请假在家治病。

第二年清廷又谕令以三品卿署两淮盐政，林则徐以持服未满，辞未就任。

1827年5月20日，林则徐抵京候缺。不久奉命出任陕西按察使，兼署布政使。林则徐刚到达西安，突然又接到擢授江宁布政使的命令。这年年底，他父亲的去世，又改变了他的行程。这几年，林则徐几乎是在动荡中度日的。他调动频繁，却忠于职守，认真办事，任劳任怨。

林则徐于1828（道光八年）扶父柩返乡，在籍丁忧，1830年8月受任湖北布政使。

林则徐在湖北布政使任上还不到四个月，朝廷又改任林则徐为河南布政使。1831年7月，江苏发生水灾，运河决口，除省会江宁外，共66个州县受灾。两江总督陶澍要求林则徐支援，道光帝又把将他调任江宁布政使。从他的频繁调动也可看出，朝廷很重视他，认可他的才能。

他马不停蹄，沿仪征、六合、上元、江宁等县勘查水情，只见江水弥漫，已分不出哪里是河道了。林则徐到达江宁，凭着他的救灾经验，向陶澍建议：劝捐以赒贫乏，资送流民以免羁留，收养老病以免流徙，劝收幼孩以免遗弃，劝谕业户以养佃农，殓瘗尸棺以免暴露，多设枭厂以平市价，变通煮粥以资熟食，捐给絮袄以御冬寒，劝施籽种以备种植，禁止烧锅以裕谷食，收牧牛只以备春耕等。"耕牛之无力豢养者，别设当牛局以处之，至春耕发还"。

当地百姓对林则徐赈灾政绩热情赞颂。"林青天"的名声越来越大。

改革河政

早在1824年12月，高堰十三堡决口，两江总督孙玉庭及河督张文浩获罪，清廷却派去对河工不熟悉的林则徐。林则徐心情是矛盾的。他在奏折中写道："臣虽愚昧，具有天良，每念一介寒微，渥被圣明知遇，苟志存温饱，念重身家，是已失读书致用之本心，更何以仰酬君上？"于是毅然受命。但河工积重难返，河工之复杂绝非短期可以奏效。他深知"此工不独目前难办，抑且后患无穷"。

林则徐认为，"河工积习，尤所熟闻，将欲力振因循，首在破除情面"。林则徐的革新是把握质量；革除不称职官吏；采用以石压埽的护堤技术。他"朝夕咨访，豫东黄河多至十数厅，所储岁料数千，皆徒步抽验其虚实"。"工长万丈，盛暑烈日中，日必一周，与僚佐孜孜讲画无倦容，雨后徒步泥泞中。"

江苏的吴淞江、黄浦江和娄江（刘河）总称三江，经常淤塞成灾。林则徐此时极力提倡疏浚刘河、吴淞和三江，"俾资宣泄，旱涝有备"，目的在于解决太湖泄水问题。刘河源出太湖东北，绕太仓，经镇洋、嘉定入海，全长七八十里；白茆河在常熟、昭文两县境内，长五六十里。林则徐首倡其事，深得道光帝大加赏识，批曰："即朕特派，非伊为谁？所请甚是。"

可是，由于林则徐母病故，他离职回榕，这项水利工程，仅疏浚黄浦江辄止。再加上三江疏导工程需银四十余万两，"频年筹措维艰"，不得不中途停辍。

1831年11月，道光帝又将治黄河的事交他去办，任命为河东河道总督。林则徐以坦诚的态度向道光帝奏称：他"不谙河务"。他说："不特河防形势未及讲求，即土埽各工作法亦未目睹。……况河工事务，与地方不同。地方有利当兴，有害当除，所见未真，可待从容察看，纵一时一事受人蒙蔽，而挽回补救，犹可徐图。河工事多猝来，计不旋踵，苟胸无定见，一事被蒙，毫厘之差即成千罩之谬。若以为尽不可信，动辄驳饬，则又恐是非颠倒，缓急混淆。设或猝遇险工，束手无策，游移牵掣，致失机宜，彼时即将臣从重治罪，在臣之一身固不足惜，而糜帑病民，贻误河防大计，上何以对君父，下何以对生灵，一念及此，不胜股栗。"这道出了不懂工程技术可能遇到的种种问题，是实情。但从中也反映了林则徐对事、对民的高度责任感。

　　道光帝却从另一个角度考虑：由于河务是个肥缺，官吏贪污已成痼疾。道光帝称："朕原恐熟悉河务之员深知属员弊窦，或意存瞻顾，不肯认真查出，林则徐非河员出身，正可厘剔弊端，毋庸徇隐。"可见道光帝对林则徐的信任。林则徐表示，"臣惟有自持刻苦，不避怨嫌，以防意者防川，以纠心者纠吏，务冀弊除帑节，工固澜安"，以高度的责任感，接受了道光皇帝的谕旨。

　　林则徐一上任，便专心学习，掌握情况，"绘全河形势于壁，孰险孰夷，一览而得"。这在一百多年前是一个值得称赞的创造，表现了林则徐经世务实的作风。

　　繁忙的冬季河务工程全面展开。

　　视查运河冬挑工程。他在冰天雪地，亲自"周历履勘"，并令"运河道李恩绎督同各该厅营按段签钉志桩，埋记灰印"。对不称职的监督工程的官员主簿徐恂摘去顶戴，责令挑工返工再挖，务使一律均匀。

　　查验垛料。林则徐十分重视垛料的质量。他称："臣于河务未能谙悉，必须将各工形势细加体察，咨访研求，每到一工，即不敢忽略走过。"沿河两岸，共有七千余垛，除了令下属官吏检验之外，均一一"细加拆验，计束称斤"，"总于每垛夹档之中，逐一穿行，量其高宽丈尺，相其新旧虚实，有松即抽押，有疑即拆，按垛以计束，按束以称斤，无一垛不理，亦无一厅不拆，兵夫居民观者如堵，工员难以藏掩"。作为地位不低的清朝官吏，这样认真、细心办事，严肃官风，在古今中外，也是少见的。

　　修缮山东省泇河、浦河、上河三处的闸座工程。运河长达千余里，全靠堤、堰、闸、坝等设施蓄收，"以利运行而资纤挽"。三闸年久失修，底桩腐朽渗漏。在修缮中，林则徐亲自掌管财政，"随时切实勘减，可省即省，断不任以可缓之工浮估滥报"。

　　推广"碎石护堤工程"。用碎石防护河堤始于1822年，严烺在兰仪厅试行，收到意外的效果，到1831年，也在河南各厅推行。道光帝提出："此项碎石工程是否于黄河有益？如果有益，何以岁料并不见节省？"林则徐通过调查，非常慎重、严肃的论证之后，得出这一科学结论："碎石斜分入水，铺作坦坡，既以偎护埽根，并可纤回溜势"，"是碎石之于河工有益，实可断为必然"。

江苏巡抚

1832年7月，林则徐调任江苏巡抚。江南水乡，河网密布，经济发达。这里既是全国最富庶的地区，也是各种矛盾最集中的地方，如田赋漕粮、农田水利、赈灾安民等，不一而足。这些老大难的问题，犹如洪水猛兽一般，无不令人望而生畏。然而，它们所阻挡的永远都只是弱者的脚步。林则徐并不是弱者，接旨后，他毫不犹豫地赶往苏州就职。

就在这时候，"胡夏米事件"发生了。胡夏米，本是英国东印度公司的一名职员。长期以来，他一直驾驶着"阿美士德"号船在我国东南沿海一带窥探，无视中国主权。林则徐命人将其驱逐。

胡夏米事件后，林则徐赴江宁视察当地的乡试工作。很快，他便发现这里问题重重，不但考生进场秩序一片混乱，而且考场作弊的现象也十分严重。此外，部分考官在阅卷时马虎草率，敷衍了事。

针对这些不良现象，林则徐首先张贴考生名单，安排他们分期分批进入考场。同时为了整顿考风、严肃考纪，他还规定："除策学原引语句毋庸议外，其四书经文雷同至三行以上者，正途贡监生员，照考案事例依次降等，罚令对读；若系俊秀监生，以后不许应试。至全篇雷同抄袭者，毋论正途俊秀，概行斥革，永不准考"，命考官在阅卷时，如果发现考生的答卷有雷同现象，轻则降低他们的成绩等次，重则罚其终生停考。

林则徐延长阅卷期限，使考官有充足的时间来阅卷。他还制订了详细的阅卷守则，供考官遵守。等成绩揭晓之后，林则徐亲自一一予以复核，并坚决处分那些敷衍塞责、误人子弟的考官。不仅如此，林则徐还亲自过问考试的后勤保障工作，甚至连厨房里的粥饭，他也要去亲自品尝一下。经过这番卓有成效的制度改革，考场面貌焕然一新，考官、学生、差役无不交口称赞，深表钦佩。

林则徐上任不久，江南一带就遭遇了一场旷日持久的旱灾，骄阳似火，大地龟裂。林则徐一边上报灾情，一边召集当地的官员、士绅商议办法。林则徐说："如今灾情严重，影响秋收，请大家帮忙捐助些银两，在苏州分几处赈灾，这样就能使百姓不会因饥寒而走上邪路了。"但官员们一个个唉声叹气，叫苦连天，不肯捐助。

怎么办？林则徐决定于八月初一至八月初三在苏州玄妙观求雨。在这三天之内，各位官员、士绅都要斋戒沐浴。等到初三卯时，大家一起到玄妙观为民祈福，对天求雨。

初三这一天，那班士绅们都准时到达。他们看见高高的露台上一群道士在那儿装模作样地求雨，露台下面早已铺满了一片片的芦席，在等着他们。大家只好依次在芦席上坐定，跟着林大人一起求雨。

道士们在露台上吹吹打打，哼哼唧唧，忙得不亦乐乎；士绅们暴晒在炎炎的烈日下，汗流浃背，如坐针毡，但是他们看见林大人同样坐在席子上，又不敢动弹半分。

快到晌午时，一个小差役来报："大人，老百姓从西津桥送来了一担灾情水。"

"快分给各位尝一尝。西津桥本是水乡地区，如今也吃这些泥浆水了。"林则徐说完，先饮了一杯。这班士绅们看见林大人先喝了，谁还敢说半个不字？他们只好硬着头皮喝下了泥浆水。不一会儿，就有人开始呕吐了。林则徐吩咐差役看看每个人面前呕吐的是什么东西，众人一看，只见这些绅士们吐的都是些鸡鸭鱼肉。这一下事情可闹大了，只见林则徐把脸一沉："我曾发出告示，要你们斋戒三天。老百姓现在没吃没喝的，可你们吃的是什么，吐的又是什么？"一阵沉默之后，林则徐接着又说道："你们这是在为民求雨吗？我要把今天的情况奏明皇上，看他怎样发落！"那些士绅们一个个被吓得面如土色，急忙要求大人开恩，并自愿捐米捐钱。

其实，林则徐本来就只是想让大家捐些钱米出来，赈济灾民，现在一看自己的目的已经达到，于是他就顺水推舟，将这一场"求雨"风波化解过去。苏州的灾荒，最终还是平平安安地度过去了。

9月15日，桃源县监生陈端等人盗决黄河大堤，引水抗旱。谁料，河水一泻千里，地动山摇。淮阳一带首当其冲，灾情最为严重，滚滚洪流迅速殃及漕运。灾讯传到北京后，道光帝极为震怒，他命令林则徐火速查明此案，限期缉拿凶犯。于是，林则徐等不及考试结束，便日夜兼程，赶往清江浦，处理各项棘手事务。然而，此时首犯陈端早已远走高飞，逃之夭夭了。不久，陶澍、穆彰阿先后来到清江，接办此案。道光帝一怒之下把林则徐连降五级，留职察看。

由清江返回苏州后，林则徐顾不得鞍马劳顿，立即着手整顿江苏漕政问题。林则徐决定先从"杜亏"入手，他严令各州县限期清理钱粮上报，坚决杜绝那种"欠陈账，借新账，账账不清"的不良现象。为了避免矛盾激化，他提出了一条"严于提新，缓于补旧"的折中方案。为了减轻农民的负担，他还创造了一种暗减漕粮的方法：在通常情况下，农田总会存在百分之二十到三十的歉收现象，对于那些歉收土地，林则徐就奏请减缓税收，这样一来，农民们每年缴的漕粮实际上只占总亩数的七八成，其余的则逐年延缓。这一方法既减轻了农民的负担，也缓和了

林青天

社会矛盾。

长期以来，改革漕政之声虽然一直不绝于耳，但各种弊端却犹如魔鬼附体一般，始终与漕政形影不离。为了从根本上解决这一难题，林则徐早在翰林院时就开始研究清廷的漕运问题了。随着研究和实践的深入，他逐渐摸索出一套科学的改革方案。

首先，他认为治"漕"的根本措施在于治"水"，也就是要加强保护黄河上游的植被，防止水土流失，从而避免因泥沙淤积而抬高下游的河床，然后再顺着水势改黄河由故道入海，这样就可以一劳永逸地根除因黄河、淮河决口而殃及漕运的灾难了。

其次，在治水的同时还要治田，因为治水仅是手段，治田才是目的，只有标本兼治，在京畿地区兴修水利，种植水稻，做到粮食自给，才可以真正解决漕运问题，进而彻底消除漕运弊端。

毫无疑问，这些远见卓识对发展北方农业生产、缓和社会矛盾、增加财政收入都具有积极的现实意义，甚至时至今日，这一切对于我们维护华北地区的生态平衡以及构建和谐社会，仍然具有一定的指导意义。然而，这一切在当时却根本不可能付诸实践。且不说道光帝缺乏战略眼光，单是自上而下的那些贪官污吏们，就足以让林则徐寸步难行。皮之不存，毛将焉附？漕运问题一旦得以解决，他们的一己私利也必将付诸东流，这当然是那些奸宄小人所不愿看到的。于是，在实际工作中，林则徐也只能"补偏救弊"，或者是做些"补救外之补救"的事情了。

由此，我们可以清楚地看到晚清那种腐败不堪的封建统治决定了其江河日下的必然趋势，而这一切又岂能是某个杰出的历史人物所能遏止的呢？

1833年的夏天，江淮一带又暴发了特大水灾，沿江州县十有七八被水淹没，灾情十分严重。林则徐奔赴灾区，紧急安排赈灾工作，并擅自动用田税银两来抚恤灾民，以解燃眉之急。苏南地区更是祸不单行，水稻在灌浆期已经遭遇阴雨天气，结下了"暗荒"的苦果。谁知，等到秋后收割时，又遭遇持续五昼夜的瓢泼大雨。结果，那些来不及收割的稻子全部被水淹没，已收割的稻子又因为得不到日晒而发芽霉烂了。农民们欲哭无泪，但官府却照样搜刮不误。

面对灾情，林则徐寝食难安，苦苦思索着解决办法。最终，他毅然决定上书朝廷，恳请皇上减轻农民负担，救民于水深火热之中。谁知却遭来道光帝的一通严厉斥责，说他"不肯为国任怨，不以国计为亟"，"只知博取民誉"，批评林则徐只知道徒务虚名，却不愿意为国分忧。道光帝还密令陶澍一定要严查此事。得知这一消息之后，林则徐即刻给陶澍写了一封信，向他陈述严重的灾情，并希望得到他的支持。在林则徐的精神感召下，陶澍也奋不顾身地上奏道光帝，支持林则徐的主张。最终，道光帝权衡再三，还是同意了林则徐的意见。江苏各地的老百姓听说后，无不奔走相告，争相传颂林则徐的大恩大德。从此，林则徐为民请命的故事在江苏百姓中广为流传。

在紧急救灾之后，林则徐又立马着手赈灾。为了克服过去赈灾过程中的那些弊端，他提出办赈"以稽核户口为第一要义"，并坚持做到"户必亲填，人必面验，票必亲给"，而且"查完一户，即以油灰书其门首；查完一村，即将户口榜诸通衢，俾人人共闻共见"，也就是说，每查完一户人家，他们就会用油灰在其门头上标注记号；每查完一村人口，他们就会在大道旁张榜公示，让大家都能看得见。为了赈灾，林则徐还在苏州衙门后面修建了十间义仓，储藏义米。创设义仓是一大善业，因此一建成，便得到了当地士绅的大力捐助。据说，在义仓建成后的头三天，就已经进粮两千九百多担。

林则徐的办法有利于稳定灾区的社会秩序和农村的休生养息，深受灾民的欢迎，有人作了一首《放赈歌》称赞道：

中丞筹划通权变，放赈恰趁诸生便。

岁暮人人假馆时，一百八图详勘遍。

向时设赈徒务名，此时设赈民欢忭。

贫民夜寒常不眠，终宵辗转泪如霰。

忽得中丞放赈钱，归家各各买秧荐。

贫民乏食行不前，榆糜杂进难充咽。

忽得中丞放赈钱，破灶生烟办宵膳。

贫民贫无骨肉缘，那顾伦常及姻眷。

忽得中丞放赈钱，夫妻父子欢迎面。

吁嗟嗷嗷数万人，感恩早被仁风扇。

况乃由城渐及乡，善政行看遍州县。

　　林则徐还采取"以工代赈"的办法，帮助灾民共度时艰。他还动员灾民积极开展生产自救，因地、因时制宜，抢种、补种庄稼，尽快恢复和发展农业生产。他认为抗灾救荒应该由社会上的全体成员齐心协力、一致行动，"在官不可不尽心"，"在民不可不尽力"，唯有上下一心，精诚团结，才能共渡难关。由于措施得当，灾民的生活秩序很快恢复了正常。

　　林则徐一贯主张水利为田地之本，"不可失修"。灾情稍减，他就迫不及待地再次将水利问题提上了日程。当时，源自太湖的刘河和白茆河因河道淤塞多年，已成为该地区的肘腋之患，亟待疏浚，但苦于经费不足一直未能实施。经过和陶澍等人商议后，林则徐决定另辟蹊径，倡导官民捐资合办，并率先捐出白银一千两。

　　说起这一千两银子，至今民间还流传着一个巾帼英雄的爱国故事呢。据说，议定好捐资治河以后，林则徐非常兴奋，回家后他一进门便高声呼唤："夫人，夫人！"

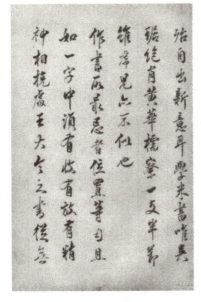

林则徐手札

他的夫人郑淑卿闻声赶忙从后堂走出。等夫人坐好之后，林则徐向她弯腰深施了一礼，问道："家里还有多少积蓄？"

夫人答道："不足一千两，是准备留给长子汝舟进京赶考之用的。"接着，夫人又问道，"老爷今天怎么啦？为什么会突然问起这件事呀？"

林则徐若有所思，答非所问地喃喃自语道："的确不多，的确不多……只是目前疏浚刘、白二河急需资金，而且我已经和陶大人、李大人、陈大人等人说好了各自捐银一千两，以为榜样。谁曾想家里却没钱呢？这一下该如何是好，如何是好啊？"

夫人说："老爷，您先别着急，等我去把钱匣拿来数一数，看看尚缺多少，然后再作打算。"说着夫人将钱匣拿来，一番清点之后，得银八百二十两六钱，还差一百七十九两四钱。

林则徐一看，只得苦笑道："真是一分钱难倒英雄汉呀！所差之数，又该到哪里去寻找呢？"夫人也急得直挠脑袋。突然，她高兴得大叫起来："有了，有了！"只见她从头上摘下两枚金钗，说，"把这钗子拿到当铺去，最少也能当个四百两银子，足够凑齐一千两了。"

林则徐站起来，接过金钗抚摸了很久很久，然后忘情地说："金钗啊金钗，你是我和夫人当年定情的信物、结婚的证明。今天我林某人迫不得已才把你当了出去。等将来我有钱了，我一定还会把你再赎回来的。"

夫人笑道："一个普通的钗子，不值得老爷如此惋惜。只要老爷您有这番心意，我也就知足了。今天，就当是我一个普通妇人为国家作点贡献吧。"

1834年春，两条河同时动工。在疏浚方式上，林则徐颇费一番心思。经过和布政使陈銮反复商议后，他决定利用地势先挑土，将其变成一条清水长河，然后在海口处再修筑石坎，并设置涵洞，以便根据汛情灵活地调控河道水位。在工程实施过程中，为了杜绝河工陋习，林则徐乘船亲临每个工地现场，"察勤惰，测深浅，与役人相劳苦"，即亲自去考查民工的出勤情况，并认真检验河道的深浅，与民工们一起同甘共苦。在查验的过程中，他还根据预先设置的标记，严格按照既定的标准进行验收，凡是工程质量达不到设计要求的，就坚决返工。

工程及时竣工后，有人曾作《娄水春》词，以颂扬林则徐的治水功绩：娄江泥，昔齐堤。娄江水，今成溪。昔愁霖，良亩沉，今有尾闾沧溟深。昔苦旱，嘉禾暵，今有巨泽水田满。洞开泻雨，洞闭屯云。河伯顺轨，潮神回轮。鸠工代赈，鹄面转温。成功者天，时旸三旬。谁实得天，公真天人。

此后，林则徐又先后主持兴办了徒阳运河、练湖、七浦河、泖湖、皮大河等几十处水利工程。施工期间，林则徐始终讲究实效，注意节约，反对浪费。例如，七浦河施工的经费，就是疏浚刘河时节约下来的。他深知手里的一分一厘都是广大百姓的血汗钱，所以总是小心翼翼地使用。

林则徐在治水工作中非常重视调查研究，博采众议，从善如流。比如在整修盐城的皮大河时，由于河道年久失修，河床淤积年复一年，工程难度相当大。为了确保工程旱涝两用，林则徐亲自乘船去测量河道的深浅、宽度，并时常上岸向当地有经验的老农拜师取经，根据这些建议制定出一套科学的施工方案。

在施工过程中，林则徐一如既往地采用了"以工代赈"的办法，招揽大批灾民在工地上劳动，这样既解决了工程所需要的劳动力问题，又解决了灾民的生活问题，一举两得，令人叹服。实践证明，这些水利工程利国利民，给当地百姓带来了真正的实惠。例如练河工程修好后，一下子就给当地增加了十多万亩农田，而林则徐也理所当然地受到了那里百姓的交口称赞，百姓们纷纷把他比作是明代的大清官"海瑞"。

兴修水利，仅仅是一种手段，发展农业生产才是林则徐的根本目的。他不仅在江苏就任期间就开始重视发展农业，而且他一生中都持续地关心农业问题。

在江苏为官时，林则徐发现那里的农民每年只种植单季晚稻，却几乎从不种植双季早稻，这种做法对于增产增收和改善人民生活是十分不利的。为了改变这种落后的生产习惯，他深入民间，亲自在当地的官员和老农中做调查，很快就找到了其中的原因所在。原来，当地的人们都误认为他们这里跟广东、福建一带不同，春天气温较低，肯定不适合种植双季稻。而且，早稻虽说产量较高，却不能用来当作公粮上缴给国家，所以那里的地主、官员们也都不主张种植早稻。

林则徐查明原因后，认真地将自己家乡的气候和土质等情况与江苏、湖北的情况做了比较，得出了江苏可以种植双季早稻的结论。于是，他搜集了大量的农业资料加以研究，还在巡抚衙门后面划出了一块空地，聘请一些有经验的老农来试种早稻。结果，他的早稻实验大获成功，许多农民看到之后，也纷纷回去加以仿效。

为了让更多的农民来种植早稻，林则徐经常和当时的农业专家李彦章一起研究早稻种植技术，并委托他写了一本《江南催耕课稻编》。

林则徐十分重视改进农业技术，并亲自对好友潘曾沂所创制的"区田法"加以实验，以观成效。林则徐也非常重视推广应用新农具。当得知齐彦槐仿制西式水车制造的"龙尾车"获得成功时，兴奋不已，立刻跑到现场去参观，并积极地将其在农业和治水方面进行推广。这令齐彦槐非常感动，后来，他还专门写了一首《龙尾车歌》，以颂扬林则徐的功绩：

一车当五人当十，用力甚少成功多。

八家同井办一具，旱涝不患田无禾。

利熊二士来西海，法入中华三百载。

布衣能述不能行，霖雨还须有人在。

侯宫中丞今大贤，讲求水利筹农田。

闻余述作亟欲睹，二龙跃上荆溪船。

草桥试车日卓午，倾城士女观如堵。

云蒸雾涌喷薄来，欢呼地动声如雷。

塘宽十亩深二尺，车干七寸才三刻。

中丞大笑与我言，此利不止关田园。

迩来洪湖拍天际，怀襄往往为民厉。

千东倒挽刷黄流，两坝三河可长闭。

浏河淤塞久欲疏，车水迟迟恐糜费。

伐轮百部填河溽，畚锸兴工日可计。

我知车有可行机，元日吾曾端策筮。

见龙在田德施普，利见大人当用世。

为了鼓励农民都来种植双季稻，林则徐要求地主富户把种子借贷给佃农，而且还明确规定他们在水稻收获时，务必要按照种麦的标准来收取田租。这样一来，农民们的种稻积极性一下子就提高了。

两江总督

1836年，林则徐署理两江总督兼管两淮盐政，开始将视线转移到混乱不堪、上下交病的盐政中。

在盐务管理上，清代沿袭明朝做法，规定食盐划区销售，并设置专门的行政机构来加以管理。到了清代中期以后，盐政日趋腐败，再加上清廷由于财政日益枯竭而不断加重盐税，致使盐价与日俱增，民不聊生。于是，私盐横行，官盐滞销，清廷的盐税收入随之剧减。例如两淮曾是清代最大的产盐区，其盐税约占全国的一半，但是到了道光年间，两淮盐商却早已风光不再，原本他们每年应行销纲盐一百六十多万引，但到了1830年的时候，却仅销售了五十多万引。

面对盐政沉疴，清廷焦急万分，却束手无策。其实，早在1820年，包世臣就已经提出改行票盐的建议。1832年，在魏源、包世臣等人的协助下，陶澍战战兢兢地着手改革盐政。他先在淮北试点，废除纲盐陈规，实行票盐制度。按照规定，盐商只需依法缴纳盐税，就可以贩取盐票，自由贩卖。这样既打破了盐商的垄断，又简化了贩运的手续，盐商们自然都乐于经营，国家盐税也因此而大增。

盐票制度符合价值规律，又活跃了盐业市场，极大地方便了人民的生活，因而受到百姓的普遍拥护，其经济效益也颇为可观。自推行票盐制度之后，据记载，短短五年时间，淮北"六次奏销二百万多引。除带完残引外，而且带完淮南盐税二十万引，为从来未有"。

对于陶澍的盐政改革，林则徐予以大力支持。他不仅在淮北积极推行票盐制度，同时还密切关注京城那些反对者的意见，从中吸取合理的部分。这种实事求是的做法，值得后人借鉴。

与此同时，林则徐对货币问题进行了认真的研究和探索，并提出了一些独到的见解和措施。

道光年间，鸦片输入激增，白银外流加剧，严重干扰了我国正常的金融秩序，导致了银贵钱贱的局面。这直接影响了人民的正常生活，并严重危及清廷的财政收入。于是，朝野内外许多人都呼吁封关禁海、禁用洋钱，以遏制白银外流的现象。然而，在经过与陶澍等人的认真研究后，林则徐领衔上奏清廷，提出严禁鸦片、自铸银币的正确主张。他认为造成国困民穷、白银外流的万恶之源是鸦片的大量输入。他认为"鸦片以土易银，真可谓之谋财害民"——贩卖鸦片等于是拿泥巴来换取银子。所以，他坚决反对封关禁海，"所杜绝者，唯在鸦片"。

林则徐认为禁用洋钱是行不通的，因为洋钱在我国市场上已经广泛流通，特别是在江南等商业发达的地区，使用洋钱比白银还要多，所以如果禁用洋钱，就必然会影响商品交换，妨碍民间的货币流通。当然，他也并不主张让洋钱任意增值，那同样也会妨碍民间合理的流通，不利于人民生活。

因此，林则徐便主张自铸银币来取代洋钱。他建议，在开始使用银币时，不必排斥洋钱，但需要对其价格加以必要的限制。这样，就可以慢慢地将洋钱逐出中国市场，从而保持我国货币的稳定。显而易见，这种要求是建立在支持本国银本位货币制的正确主张之上的，与那种闭关锁国的封关禁海谬论自然不可同日而语。

在治理水患和整顿盐务的同时，林则徐还从百忙之中抽出时间去检阅湘、鄂两省的军队。1838年5月30日，他调集武昌、汉阳等湖北官兵进行操练。8月27日，他马不停蹄地来到岳州，视察湖南的军队。紧接着，9月1日，他会同湖南巡抚讷尔经额一起去长沙。9月4日和9月5日，他又接连奔赴衡州、常德等地，沿途一共校阅了三十二支湖南的军队。

在巡视军队的过程中，他万分震惊地发现军队中已经有不少官兵染上了吸食鸦片的恶习，他们一个个都变成了名副其实的"双枪将"。这样的一支军队又怎能担当保家卫国的大任？所以，林则徐下令严禁官兵吸食毒品，一经发现，严惩不贷！他还制定了官兵连坐制度，坚决制止烟毒在军队中蔓延。

临危受命

1838年，林则徐接到圣旨，要他前往北京商讨禁烟大计，他卸去湖广总督一职，起程北上。

抵京后，林则徐被道光皇帝连续召见八次，每次召见的时候，道光帝都破格让他跪在地毯上说话。在第三次召见时，道光帝更是特别奖赏他在紫禁城内骑马代步。可是，林则徐却不习惯骑马，于是道光帝对他说："你不惯骑马，就坐轿子吧。"林则徐就改为乘坐椅子轿。这在当时可谓一种无上荣耀，因为按照清朝的礼制，百官到紫禁城面圣一律只准步行。

等到第五次召见时，道光帝正式任命林则徐为钦差大臣，令他去广东查办鸦片走私活动，并节制广东水师。林则徐就此登上了其仕途的最高峰。

1839年3月4日，林则徐过梅岭，入广东。当晚从南雄州城外登舟，连日昼夜兼行，经韶关、英德、清远、三水、黄鼎、佛山、花地，于10日抵达目的地广州。官舟泊靠天字码头后，他在沿江两岸观睹的民众寂静肃穆的气氛中从容登岸，在接官亭和邓廷桢、怡良、关天培、豫堃等文武官员见面。当时在商馆前面江中一条双桅帆船上观看了这一情景的美国人威廉·亨德描述说："他具有庄严的风度，表情略为严肃而坚决，身材肥大，须黑而浓，并有长髯，年龄约六十多。"其实，林则徐这年才55岁。

三月的广州，一派明媚春光，"天甚热，穿夹衣犹出汗"。这与途经江西境内遍地雪积的情景，迥然相反。林则徐和邓廷桢、怡良、关天培、豫堃等会晤后，深深地感觉到查禁鸦片的形势，已和气候变换一样，由冷变热了。他信心倍增，立即命令外海水师，确查外国鸦片趸船的行踪，以便加以驱逐。

为了找到根除鸦片之法，林则徐注意调查研究，摸索鸦片流毒的症结。他接见文武官员、友人、旧属、同乡，了解鸦片流毒情形；还雇用了两个长期在商馆为外商烹调的厨子到行辕内备办伙食，就近询查外国鸦片贩子的活动踪迹。

林则徐发现自己对外国情况缺乏了解，便决定搜集广州、澳门外国人出版的报纸，如《广州周报》《广州纪事报》《中国丛报》等。还搜集英文书籍，包括商业情报和传教小册子，物色聘用善译人才，选择译出呈报，"借以探访夷情"。林则徐认真阅读翻译的资料，同时也向译员征询意见，学习一些英语和葡萄牙语的词汇。

通过各种渠道了解情况，林则徐对于鸦片来源的认识逐渐丰富起来，看出广东鸦片兴贩、吸食之多，皆由外国鸦片贩子"卖烟而起"，他们"若不带鸦片来，内地民人何由而吸"。在这一认识的基础上，他把"必先重治吸食"的禁烟方针，更正为"先以断绝鸦片为首务"。

为了断绝鸦片，"必须将其趸船鸦片销除净尽"，因为鸦片趸船驶离零丁洋，"非特不肯抛弃大洋，亦必不肯带回本国，即使逐出老万山之外，不过暂避一时，而不久复来，终非了局"。但是，派遣师船追捕，"洪涛巨浪之中，未能确有把握"，林则徐和邓廷桢、怡良密商后，认定鸦片贩子多半还在广州，可以用"喻以理而怵以威"的办法，逼他们交出趸船囤积的鸦片。

3月18日，林则徐会同邓廷桢、怡良，突然在钦差行辕——越华书院里，传见十三行洋商。

十三行，是清朝政府指定的经营对外贸易的"外洋行"的统称，此时实际上仅存十一家，即伍绍荣的怡和行、卢继光的广利行、潘绍光的同孚行、谢有仁的东兴行、梁承禧的天宝行、潘文涛的中和行、马佐良的顺泰行、潘文海的仁和行、吴天垣的同顺行、易元昌的孚泰行、容有光的安昌行。其中，怡和行洋商伍绍荣、广利行洋商卢继光是"总商"。这些洋商，有的或暗中帮助外商贩卖鸦片，走漏白银，或勾通幕佐，刺探消息，或知情不报，匿不举发。钦差大臣的传讯，使他们顿觉灾祸临头，个个心惊胆战，恐惧非常。

林则徐早已探明洋商的底细，怒不可遏。他当面斥责洋商一贯混行出结，保其外商进口船只并无携带鸦片，有同梦呓！明知鸦片卸在零丁洋上之趸船，"是则掩耳盗铃，预存推卸地步，其居心更不可问"。为外国鸦片贩子销售鸦片效劳的人，如写书之字馆，持单之缆头，朝夕上下洋楼，洋商假装不闻不见，匿不举发，"谓非暗立股份，其谁信之"？与海关书吏串通作案，帮助外商偷漏白银，"可见以货易货四字，竟是全谎"！他发下预先写好的历数洋商罪状的谕帖一件，要他们回去"立即逐一据实供明，以凭按律核办"。并发给伍绍荣等勒令外商缴烟具结的谕帖一件，速往商馆传谕外商，限三日内取结禀复。

传说，林则徐大义凛然的批斥，公堂上庄严紧张的气氛，连老谋深算的伍绍荣都感到难以幸免，狠下心，自陈"愿以家资报效"，妄图行巨贿解脱。林则徐对此更为愤怒："本大臣不要钱，要你脑袋尔！"并将伍绍荣等斥退。为了防止事出意外，林则徐又"密派兵役"，到商馆周围"暗设防维"，监视外国鸦片贩子的活动。

洋商匆匆赶回十三行公所传见外商，由通事用英语解译，宣布林则徐的谕令。林则徐在谕令中，严正指出，鸦片走私"骗人财而害人命"，外国鸦片贩子"以此物蛊惑华民，已历数十年，所得不义之财，不可胜计，此人心所共愤，亦天理所难容"。责令他们将趸船所有鸦片尽数缴出，并填写英、汉两种文字的合同甘结，声明："嗣后来船，永不敢夹带鸦片，如有带来，一经查出，货尽没官，人即正法，情甘服罪。"如遵令在三日内禀复，许以奏请皇帝免治既往之罪，酌请赏犒。以后再犯，即应遵照新例，一律从重惩处。他严肃表示禁毒的决心："此次本大臣自京面承圣谕，法在必行……若鸦片一日未绝，本大臣一日不回，誓与此事相始终，断无中止之理！"

宣布谕令后，洋商到一些外商的住处，重点查看有无窝藏武器。同日，粤海关监督豫堃出示，暂停外商请牌下澳。严厉的谕令、紧张的气氛，让外国鸦片贩子大感威胁。

19日，洋商又到公所大厅与外国鸦片贩子商议缴烟，当场翻译了林则徐给洋商的谕帖。尽管时间紧逼，风声紧急，但外国鸦片贩子仍不肯涉及缴烟的数目和时间，反而探问："中国政府对于如要呈缴的鸦片给什么代价？"洋商也摸不着林则徐的底细，回答说："也许愿意偿现今很低的价格的一部分。"为了度过这个难关，伍绍荣劝告外国鸦片贩子缴出一小部分加以应付，他甚至跑到罗素洋行经理记连的办公室，要求他在答应上缴的鸦片烟数外，再加缴150箱，所值十万零五千元由他负责偿付。

21日，是林则徐指定的最后一天期限，"各国商人公所"一早就紧急召集会议，研究对策。会上，英国大鸦片贩子颠地等人极力反对缴烟，建议拖延明确答复。经过相当激烈的辩论，最后以二十五票赞成、十四票反对、一票弃权通过颠地的建议，并指定成立一个委员会加以研究，七天内作出报告。会后，他们禀复十三行洋商说："钦差大臣的谕令，既如此严重，包括各方面的利益，他们必须详加考虑，尽早答复，但不能马上回答。同时他们都感觉到，他们必须不再和鸦片贸易发生关系，是绝对必要的。"

依照历年官府宣布禁烟令时的惯例，送上这样一纸"不再和鸦片贸易发生关系"的保证，再"尽早答复"交出一笔对方满意的贿赂，便可以相安无事。可是这一次，这种万无一失的应急妙术却失灵了。当晚，洋商匆匆赶到商馆传达林则徐的口谕：如不马上答应呈缴鸦片，明早十时亲到十三行公所，措办一切，先审讯洋商，正法一二！

当晚十点钟，"各国商人公所"召集特别会议，研究翌日的答复。他们邀请伍绍荣、卢继光、潘绍光与会，探询林则徐的真实用意。双方进行了如下的对话：

问：你们今天见到钦差大臣时发生了什么事情？

答：我们把你们的信交给他，他把信交给广州府验视。当钦差大臣听他念完信后，他说，你们在对行商要花招，但对他要花招可不行。他宣布如果不交出鸦片，明天上午十点他要到公所叫大家看他如何下手。

问：你们要多少箱？

答：大约1000箱。

问：你们能保证这个数就够了？

答：不能。不过我们想如果交出了鸦片，他会因他的命令得到服从而感到满意。但是是否会要求交出更多，我们没法回答……

问：公告是不是要字字照办？"

答：钦差大臣这样说，他就会这样办。

问：你们老老实实说真话，你们真有性命危险吗？

行商们被逐个问到这个问题时，都回答说有。

在讨论中，颠地等反对改变上午的决议，但美商记连等多数人认为应该交出一部分鸦片。到凌晨一时会议结束，决定捐凑1037箱鸦片上缴，同时附上一封信，向钦差大臣表示所谓"严重的抗议"。有几个英国鸦片贩子害怕鸦片被查获，慌忙地把他们的鸦片定货转到副监督参逊的名下。

22日，林则徐接到外国鸦片贩子答应呈缴1037箱鸦片的呈报，又据广州知府、南海、番禺知县报告："闻得米利坚国夷人多愿缴烟，被港脚夷人颠地阻挠，因颠地所带烟土最多，意图免缴"。他当机立断，下令传讯颠地。但是颠地却龟缩在商馆里，拒绝露面。

3月24日，英国驻华商务监督义律抵达广州，并立即把颠地安顿在他的办公室里，亲自保护起来。他还恬不知耻地指责林则徐的正义行动，说"纵然不是公开的战争行为，至少也是战争迫近和不可避免的前奏"，责怪林则徐"使外商不能再有安全、荣誉和利益"。

对此，林则徐坚决予以反击。他依照惯例，下令将停泊在黄埔的外国货船暂行封船，停止贸易，同时撤回广州商馆里的全部中国雇员，并派兵包围商馆。此举完全出乎那些外商的意料，275名外商一个个就像瘪了气的气球一下，完全没了精神。

3月25日，美国商人C.W.金第一个出具保证书。3月27日，黔驴技穷的义律终于答应缴出英国烟贩的全部鸦片20 283箱。林则徐取得了禁烟斗争的第一个胜利。当时就有人称颂说：

上公声望慑蛮夷，一檄贤于十万师。

会元溟洋恬飓鳄，真成谈笑却熊罴。

能兼群策斯为大，欲示天威更以慈。

幕府陋儒何术效，只将歌咏答明时。

第三章

山雨欲来

为了开拓市场，为本国产品寻找销路，英国向外扩张殖民地的活动日益加强。而疆域辽阔、人口众多的中国成了英国垂涎的对象。

1836年，曼彻斯特商会上，首相迈尔本与外交大臣帕麦斯顿的备忘录中有这样的话：「中国为英国制造业提供一个销量庞大而又迅速扩张的市场，同时又为印度的出产提供销路，相信其数达300万镑。」

曼彻斯特的制造商私下甚至互相议论：「如果每个中国人的衬衣下摆长一英寸，我们的工厂就得忙上数十年！只要能够打开这个壁垒就好了。」

阿美士德访华

鸦片战争，归根到底是英国侵略扩张政策的产物，是英国资本主义经济迅猛发展，千方百计要打开中国市场，促使中英矛盾日趋激化的结果。

英国自从18世纪后期工业革命开始，机器逐渐取代了手工操作，劳动生产率空前提高，各种产品的产量成十倍、成百倍增长，资本主义经济得到了巨大的发展。

为了开拓市场，为本国产品寻找销路，英国向外扩张殖民地的活动日益加强。而疆域辽阔、人口众多的中国成了英国垂涎的对象。

1836年，曼彻斯特商会上，首相迈尔本与外交大臣帕麦斯顿的备忘录中有这样的话："中国为英国制造业提供一个销量庞大而又迅速扩张的市场，同时又为印度的出产提供销路，相信其数达300万镑。"

曼彻斯特的制造商私下甚至互相议论："如果每个中国人的衬衣下摆长一英寸，我们的工厂就得忙上数十年！只要能够打开这个壁垒就好了。"

早在1816年，英国政府就派阿美士德勋爵访华，以图与清廷商讨中、英贸易事宜，企图进一步打开中国门户。其实在他以前，英廷就早于1792年至1794年的时候，派遣过乔治·马戛尔尼伯爵率团访华，尝试在庆祝乾隆帝八十大寿的时候，顺势商谈贸易。可是，那一次的使团虽然成功谒见乾隆帝，但是在商贸议题上却无功而还。自那次以后，中、英两国虽然继续进行独口通商，但关系却是每况愈下。

自英国加入拿破仑战争以后，英方就曾经多次担心法国会抢占澳门，动摇英国在远东的贸易地位。为此，英军曾先后在1802年与1808年两次占领澳门，以向法国示威。然而，英国占据澳门的行动却使清廷甚为不满，在1808年的占领行动中，中方曾因为英军撤兵进度缓慢，而与英方发生了零星的军事冲突。另外，英军后来进兵清朝藩属尼泊尔等的事件，也使两国关系蒙上阴影。

英使阿美士德的访华
以失败告终

1815年，拿破仑在滑铁卢战役败北。这标志着拿破仑时代的终结、欧洲专制皇朝的复辟，以及和平的重临。而随着拿破仑战争的结束，英政府亦重新审视对华政策。由于英商一直不满清朝实行的公行制度，扩大中国市场的呼声愈来愈高，这遂促使了阿美士德使团访华，试图展开通商会谈。

1815年12月30日，阿美士德勋爵获委任为枢密院顾问官。1816年1月20日，英政府宣布委任他为驻华全权公使，副使分别是埃利斯以及英国东印度公司在广州的特别委员会主席小斯当东爵士。他们此行的任务主要是敦请清朝废除公行制，多开商埠以及进行自由贸易；此外，他们还打算向清朝解释英国对尼泊尔的军事行动。阿美士德勋爵在1816年2月从英国南部斯皮特黑德（Spithead）出发，7月初抵达广州。可是，阿美士德勋爵担心英使团会被拦截，于是没有在广州停留，继续乘船向天津进发。

1816年8月13日，阿美士德使团抵达天津，并得到工部尚书苏楞额的欢迎。不过双方就觐见清帝的礼仪问题出现分歧，清朝要求阿美士德勋爵向嘉庆帝行三跪九叩礼，但是阿美士德勋爵只愿以"脱帽三次，鞠躬九次"代替。双方在礼数上的分歧与争执使阿美士德使团未能入京，滞留于京师附近的通州。

在通州期间，理藩院尚书与礼部尚书曾拜访使团以游说其行叩头之礼，不过副使小斯当东爵士与东印度公使的大班却以此举将有损英国威严为由坚持反对。尽管此前英政府曾训示阿美士德勋爵在有需要的时候，对待中国礼数可以便宜行事，但由于使团成员的强烈反对，他最终决定以"单膝下跪低头三次，并重复动作三次"代替三跪九叩。

清朝最初对阿美士德勋爵的让步不予接受但立场逐渐软化。在8月27日，理藩院尚书向嘉庆帝上奏，指阿美士德勋爵"起跪颇不自然，尚堪成礼"，并奏称他演习叩头多次，已有长进。嘉庆帝闻奏后，决定在8月29日于颐和园接见阿美士德勋爵。阿美士德使团连夜赶路，终在29日凌晨时分抵达北京。

尽管阿美士德勋爵得知清帝即将准备接见，但是由于载有官服与国书的车辆仍未抵达，加上颠簸的路程使他疲惫不堪，他要求稍事休息。经过一轮争吵后，阿美士德勋爵坚持歇息，结果负责带领觐见的官员不得要领，唯有向嘉庆帝谎称英使生病。嘉庆帝以为英使傲慢，目无圣驾，大为光火，于是取消陛见，并下令驱逐使团离京。

次日，嘉庆帝得知实情后，怒气稍息，除下令酌收由摄政王所进的52件贡品，又赏赐一些珍玩予英皇。另外，嘉庆帝更破天荒地准许使团沿大运河南下，沿途一直得到礼待，最后经由广州至1817年1月28日在澳门登船返国。

阿美士德使团离开中国后，曾到访马尼拉，其后因为船只遇险触礁沉没，辗转流落到巴达维亚（即雅加达），期间受到马来亚一带的海盗袭击。安顿好后阿美士德使团继续启程返国，中途到访圣赫勒拿岛；阿美士德勋爵曾与遭放逐的拿破仑进行过数次面谈。据阿美士德使团记载，当时拿破仑的精神与健康状况良好，而拿破仑则认为阿美士德勋爵出使中国理应入乡随俗，向清帝叩头。

由于礼仪的问题，使阿美士德使团的任务失败，没法与清朝讨论贸易问题。而贸易问题没有解决，市场没有开拓，更使英商的走私活动与日俱增，鸦片贸易在此后更成为了走私贸易的大宗。一方面英方日益不满对华贸易所造成的庞大逆差，一方面清朝亦对鸦片毒害国民的情况愈益反感，这使中英两国的贸易争议逐渐升温，最终要诉诸武力解决。

胡夏米事件

英国殖民者不但大肆鼓吹用武力打开中国大门，而且早就在做实际准备。1832年，又发生了胡夏米事件。

1832年2月26日（道光十二年正月二十五），一只英国商船悄悄从澳门出发，沿着中国海岸北上。船上载有78人，船名"阿美士德"号（Amherst），原是一艘506吨的巡洋舰，东印度公司花了2500元买来运载货物。这次北上，为了掩人耳目，也装载了一些货物准备到各口岸试销，但主要任务是遵照东印度公司驻广州管货人委员会主席马奇班克斯的指示，对中国沿海的军事、政治、经济等进行系统考察，为扩大侵华作准备，是一艘不折不扣的间谍船。

为了避免引起中国当局的猜疑，他们还诡称是从印度孟加拉开来，前往日本贸易，并且不带鸦片。按照他们内部分工，船长礼士专门负责测量沿海海湾和水道的深浅，绘制沿海地图。东印度公司广东商馆高级职员林德赛，冒充船主，主持调查侦察活动。为了隐瞒身份，他化名胡夏米。还有一位德籍传教士郭士立，化名甲利，充当翻译和医生。他在沿海各口岸以为人治病名义，从事调查和传教活动，实际上是胡夏米得力的副手。此外，船上还带有《英吉利人品国事略说》《崇真实弃假谎略说》《赌博明论略讲》《说诚》等宣传小册子，准备随时散发，用以欺哄中国人民。

"阿美士德"号离开澳门后，就开始了对广东沿海的侦察活动。胡夏米未征得中国当局的同意，"却屡次进入他们（指广东沿海）的乡村"，"所经过的每一个地方都结交了几个朋友"。

3月下旬，"阿美士德"号抵达广东和福建交界的南澳岛，详细侦察了这个航海必经的战略要地。胡夏米后来在给东印度公司的报告中说：南澳是广东第二个海军根据地，一半位于广东，一半位于福建。它是总兵官或提督的驻所。在他的指挥下，共有军队5237人，其中4078名属广东，1159名属福建。但是这些军队的实际存在，除了在花名册中以外，是很可怀疑的。这个根据地的防御，据我们所见，共有78只战船。从外形看来，它们类似小型的福建商船；从各方面看来，比我们在广州看到的战船要差得多。海湾入口处有炮台两座，较高的一处有炮8尊，较低的一处有炮6尊。海湾内部另有小炮台一座，上面并未架炮。"

不难看出，他们对于南澳的形势、军事部署及其废弛情形，了解得相当清楚。

3月28日，"阿美士德"号离开南澳。4月2日（二月初二），到达厦门。船一停泊，马上引起厦门海防当局的注意。抛锚不到半个小时，就有文官、武官和海关官员上船查问。接着，水师提督陈化成又派遣官员传达命令：所需粮食和淡水可以无代价赏给，但船必须尽快离开，并且不许上岸或同居民接触。随后，陈化成又派遣水师船监视"阿美士德"号。在水师船上还竖起一块木牌告示：

厦门提督为严禁事。查夷船应即遵命启碇开行，不准其停泊滞留。本地船只与臣民均不得与该船靠近或交接。特示。

4日下午，陈化成在厦门岛上一座庙宇旁的大厅里接见了胡夏米等人，当面指出：英船停泊厦门是违法的，必须立刻驶离港口。再次重申，只要同意离港，可以无偿为他们提供所需要的粮食与淡水。

可是，胡夏米等人无视中国主权，拒不接受清政府的正义要求，蛮横地在厦门赖了六天，"每天都上岸活动，到城里，也到近郊，并且在农村到处作长时间的漫游。当地政府除了派兵紧随监视，束手无策。

经过6天的查访，他们认为：厦门的港口是优良的，就是最大的兵舰也可以开进。……不论就它的位置、财富或是出口的原料来说，此地无疑是欧洲人前来贸易的最好港口之一。早年葡萄牙人曾在这里通商，荷兰人接踵而至，英国人在很长的时间内也曾在这里建立过商馆，至于西班牙人，直到今日在名义上仍然拥有来到这里进行贸易的权利。……商业的重新恢复对于从事经商的国家和中国人两方面均将带来极为有益的影响。

同时，他们对清军的腐败和清朝官吏的无知无识，又有了进一步感受。胡夏米在航海报告中说："我们到过的大部分地区都发现中国人，甚至高级的中国人士，对于外国人的每一件事都极端无知，甚至达到这样程度，例如，我极少见过有人除知道英国为'红毛国'外，尚有别的名号。"

4月8日（三月初八），"阿美士德"号离开厦门，东航到了澎湖列岛和台湾西岸，对这一带的物产和地势作了考察，接着向西北方向航行，于15日抵达福建福清县属的南日岛，16日进入海坛海峡。通过海峡后，他们在万澳停泊。在这里，"阿美士德"号停留两天多。驻岛清军一再催促他们离开，胡夏米等才于19日起锚，21日到达闽江口外的笔架山岛。

由于浓雾弥漫，直到24日才能沿着闽江上驶。当驶过闽安镇时，该地驻军命令他们退回。他们不听劝阻，继续上行，直抵福州城下。胡夏米、郭士立等一行五人在密集的人群中登上南岸，穿过33孔、长达420米的万寿桥，一直闯到福州城内的县署衙门，要求直接递禀总督，并要求在城里居住。

接待官员告诉他，面见总督要待明天才能答复，外人居住城中违反惯例，决定安排他们在船上住宿。胡夏米不接受安排，过江到了最初上岸的那个海关，准备在那里寻找住宿地，最后硬是死赖在一座官署里住了一夜。第二天正午，他们感到面见总督已经无望，才把禀帖交给总督属下的一位官员。

自胡夏米等登岸之后，"阿美士德"号退到了闽江下游两英里的地方。和在厦门一样，受到水师船的严密监视，不许与当地居民接触。27日，胡夏米等登上闽安左营都司的船，要求和老百姓自由交往，否则将把船再行开到福州城下，等候总督的回批。这位都司大惊。为了阻止英船上驶，免致连累自己，他答应不阻拦商人和其他群众上船。这样，此后一个多星期里，每天均有不少人登上"阿美士德"号，有的谈生意，有的是治病，更多的是去看热闹。胡夏米等则利用群众上船机会，搜集各种情报，并且派人上岸四出活动。

胡夏米通过在福州20多天的采访，对福州产生了巨大的希望。他说："就福州地位与商业的便利来说，帝国的城市在地位上很少有比福州更适宜的了。美丽的闽江可以航行载重极多船舶，直达福州城外十英里（或者更近一些），闽江源出最好红茶的产地武夷山中部。茶叶陆运到广州费用大，茶价就大大增加了。与广州相比，福州也是一个销售英国毛织品更为适宜的地点，由于气候寒冷，此地对毛织品也

更需要。"

胡夏米根据在厦门与福州和清朝官员打交道的经验，极力鼓吹使用威胁手段，迫使清政府就范。他说："中国水师极端怯懦，他们对欧洲船员的恐怖，达到令人难以相信的地步。"

5月17日，胡夏米等完成了对福州的侦察，离开福州。经过7天的航行，"阿美士德"号于25日到达舟山群岛，26日（四月二十七日）抵达宁波海口——镇海。

这艘英国船一再在中国东南沿海出现，引起清政府的极大关注。道光帝接到奏报，即日严谕新任闽浙总督程祖洛，到任后务当"悉心查访，……毋许该夷船在洋停泊，必须驱逐净尽"。

可是，胡夏米根本不理这一套，居然将船毫无顾忌地开入甬江。对此，连郭士立也深表惊讶，认为本地全部水师船只，竟不能阻止一条商船进港，"真是怪事"。

胡夏米等人在宁波镇海等地测量了水道，考察了镇海防务。胡认为，镇海炮台是他们在中国见到的最大炮台，但已年久失修，台上既没有架炮，也无兵丁守卫。经过访查，他们认定宁波是一个优良的生丝出口港。在宁波，他们也想销售一些货物，由于无人承购，未能如愿。"阿美士德"号在宁波停留了18天，于6月13日驶往上海。

上海方面早已收到英船可能前来的通报，做了一些准备。苏松镇总兵关天培为防范英船北驶，派遣水师船前往内外洋面巡查堵截。苏松太兵备道吴其泰亦贴出告示，晓谕沿海居民船户如遇夷船，不准与其交易；并札饬沿海府厅州县率带丁役，巡防驱逐。然而，这一切都是有名无实的。胡夏米于6月20日（五月二十二）未受到任何阻挡就轻易到达吴淞口，随即前往上海递禀，请求通商。吴其泰立刻将禀帖原件退还，并批驳说："据禀，希冀贸易，转报上宪等情。查该夷船向无在上海贸易之例，未便违例据情上转。合行驳饬，原呈掷还，即速开船，遵照旧例回粤贸易，毋得迁延自误。"

胡夏米完成了对上海的侦察任务，乃于7月8日离开上海，继续北航。

胡夏米等在上海共停留18天，由于以前还从来没有欧洲船到过上海，他们对黄浦江水道的测量特别仔细。为了探明清军设防情况，胡夏米曾亲自到宝山、崇明岛等地深入调查。上海当局千方百计阻止他们和当地人做生意，对他们刺探军情却毫无戒备。胡夏米不但轻而易举地得以参观吴淞炮台，而且在吴淞参观驻军500多人的检阅时，江南提督事先还向胡夏米声明，演习并非针对他们。

他们在参观时，看到吴淞要塞的墙上尽管"挂着箭，但没有发现弓"。士兵告诉他们，弓"放在对岸另一个地方"。这样弓箭分藏，临时怎能应急！胡夏米为此感叹不已。他还发现大部分军人只有一把刀和一面盾牌，"刀是最坏的一种，实际上不过是一片铁片，枪一般说来也是很脏的，而且上面几乎全生锈了"。胡夏米由此认为："只要有50名意志坚定、训练良好的士兵，或者比这数字更少些，就可以彻底消灭比这500人更多的军队。"

在上海停留期间，他们对上海的国内外贸易均做了深入考察。就国内贸易而言，他们认为上海已经超过了广州。胡夏米曾对上海进出口船只做了统计，一个星期之内就有400多只大小商船经过吴淞口，驶往上海县城。这些船只大多来自中国的天津和奉天等地，装载的是面粉和大豆等北方产品。此外，每天平均有30或50只福建船涌入上海，还有不少船来自台湾、广州和东南亚各地。

由此，胡夏米认为，上海享有中国南北贸易中转站的地位。这种地位使它可以垄断国内贸易。至于国外贸易，他们也感到前程无量。郭士立鼓吹说："上海地位的重要，仅次于广州。它的商业十分活跃，如果欧洲商人准许来上海贸易，它的地位更能大为增进。""这次航行的结果，使我产生这种信念：只要英国政府坚持要求，与中国东北部的贸易是可以开放的。"还断言："不恐吓那个衰弱和可鄙的政府，而采取商议的办法，将会得不到任何结果。由大小不同的一千艘船只组成的整个中国舰队，都抵御不了一艘战舰。"

"阿美士德"号离开上海后，7月15日到达山东威海刘公岛洋面。他们认为山东经济价值不大，只在威海停留一天就折往朝鲜，随后又到了琉球。9月5日（八月十一）回到澳门。

"阿美士德"号1832年对中国沿海长达半年多的考察，反映了西方资本主义国家与中国通商的愿望，同时，他们的侵略意图也不言自明。

鸦片泛滥

1837年（道光十七年）2月，道光帝召见林则徐，任命他为湖广总督。

大量的社会问题摆在他的面前，不但有关乎国计民生的漕政、盐政，而且有被称之为"夷务"的问题，其中最突出的就是鸦片走私和吸毒的泛滥。

鸦片是罂粟果肉乳汁制成的膏。罂粟在唐代的文献里就已提到。12世纪后，中国已懂得提炼成膏作为药用。明代李梴1575年编著的《医学入门》已谈到鸦片的制造方法，李氏在书中称鸦片为阿芙蓉，乃阿拉伯语的译音。

鸦片在我国一贯只作为药用；用作吸食，是从南洋传入的。据《鸦片事略》载："明末，苏门答腊人变生食为吸食；其法先取浆蒸熟，滤去渣滓，复煮和烟草叶为丸，置竹管就火吸食。"大约在荷兰占领台湾的时候，即把南洋一带吸食方法带到台湾，又从台湾经厦门传播到大陆。康熙帝统一台湾后，他没有查禁，直到雍正七年（1729），雍正帝才颁布第一道禁烟令，对贩烟及开烟馆科以重刑，但没有对吸食者作具体规定。这反映了当时吸食并未成为一个严重的社会问题。

鸦片问题的日益严重化，是从外国大量输进这类毒品开始的。英国殖民者为了扭转对华贸易的逆差，除了力图强迫中国接受他们的条件、向中国索取特权之外，就是利用毒品进行非法贸易。把鸦片作为商品从孟加拉输入中国，是英国澳森上校提出的建议，英印副总督惠勒采纳他的建议。1773年，东印度公司第一次把鸦片从孟加拉运进中国。1780年，东印度公司垄断了鸦片贸易。从此，鸦片成为英国对华贸易中最大宗"商品"。鸦片战争前夕，每年运入中国的鸦片至少有35 200箱。

鸦片走私猛增，是与东印度公司于1834年取消垄断权直接联系的。由于东印度公司从商务机关改组为纯粹的行政机关，对华贸易就完全转到了英国私人企业手里，它们干得非常起劲，以致不顾天朝的拼命抵制，在1837年就已将价值2 500万美元的39 000箱鸦片顺利地运入中国。"

这时期，由鸦片贩子组成的私人公司有历史悠久的怡和洋行，著名的查顿和孖地臣是这个公司的重要股东；另一个走私鸦片的公司叫宝顺洋行，其老板就是与查顿齐名的"铁头老鼠"颠地。此外，伦敦东印度中国协会、曼彻斯特商会等，均积极从事向中国贩运鸦片。仅次于怡和、宝顺的旗昌洋行是美国人开的，它拥有美国制造的飞剪船，进行武装走私贩毒。贩毒的洋行不断增多，仅英国开设的就从道光十三年（1833）的66个增加到道光十七年（1837）的156个，贩毒的范围也不断扩大，从广东海面扩展到东南沿海，以至东北。

鸦片泛滥引起了清王朝的注意。从1800年开始，嘉庆皇帝降谕，查禁从外洋输入鸦片和在国内种植罂粟。这个禁命使鸦片走私不能在广州内河进入，而移至澳门，并在那里设了一个存储站。由于澳门葡萄牙人征税和限制，鸦片贸易实际是在黄埔成交的。

针对这种情况，清政府要求，行商必须出具黄埔货船并无鸦片的保证，才准开舱验货，

如果隐瞒藏匿，事后查出，加重治罪，开馆者议绞，贩卖者充军，吸食者杖徒。根据这个禁令精神，广州官吏惩罚包庇鸦片走私的洋行商人伍敦元，又查出了"港脚商人"及美商船四艘夹带鸦片，除罚款之外，又将四艘船驱逐回国，取消来粤贸易权利。1831年，又规定严禁买食鸦片烟罪条款。

狡猾的鸦片走私贩为了逃避检查，把走私中心移到零丁岛，结果，走私更加猖獗。"载有鸦片的船只须在零丁岛停泊，并把鸦片卸进趸船，然后再载着合法的货物前往黄埔。卖商以样品兜售，收进现款……交给中国买主一个提单。中国买主对于官吏做好一切安排，再向趸船提货。……然后把它们放在由50到70个水手所驾驶的武装快船里"，再从广州的"窑口"贩运至全国沿海各口。

当时的社会，吏治败坏，受贿成风，这也是鸦片走私和狂獗的主要原因。这是与清王朝整个体制相联系的。因为官吏的薪俸低得可怜，不靠外快挣钱，哪里能维持下去？所以收受贿赂、例规是公开的秘密，大家见怪不怪，不贪污反倒不正常，被人视为另类。

吸食鸦片的情况也十分严重，就连总督衙门里，录事、秘书、武弁以及其他人员，吸食鸦片都很寻常。

尤为可惊的是，禁令如此之严，而走私都是在光天化日之下明目张胆地做的，并且常常是在那些经常进出于停泊处所的巡艇眼前干的"。有个外国人对清朝官吏受贿有过详细的揭露：

该船（美国蔷薇号）到达南澳，就在南澳水师统带的旗舰附近下锚。这位水师统带就立刻上帆船检查……又宣读一道警告船只不得进行贸易的谕旨。然后，在一个私下的会谈中，真正的交易就开始商量了，

林
则
徐

林则徐纪念碑

这位水师统带直截了当地开口问道："船上有多少箱？是不是都卖给南澳？"……然后到了真正的要点，拿出钱来付款，于是问题圆满解决。水师统带一离开了船，中国买主就立即上船……这都是在那艘旗舰的视线以内作出的。

鸦片给整个中华民族带来了灾难。《中国文库》登载的一封信，是比较正直的外国人写的，他指出："鸦片走私长此下去必然成为戕生、荡产、败德的罪恶根源。吸食鸦片，中国人视为最丑恶的行为，最巨大的灾难，使全国人民遭受痛苦。受害者遍及各阶层，上至皇帝，下至最贫困的农民，生于最上层富贵之家的游手好闲人物，造成一种风气，此行彼效，一家传染一家，很快就成为一种可怕的狂热。这种习气，由上层蔓延到士大夫、文武官员，而至军队和所有贫穷阶层。"

全国鸦片吸食者究竟有多少？说法不一，估计至少有几百万人。我国大量白银外流，造成银贵钱贱，导致劳动人民税收实际负担加重，更为严重的是残害了劳动人民身体，丧失劳动力，一人累及全家，倾家荡产。当时中国白银外流究竟多少？没有一个精确的统计。官员黄爵滋奏称，每年大约流失一千万两。

清政府关于烟毒，三令五申严禁，可是由于吏治腐败，均无实际效果。

第二章

重治吸食

如何应对鸦片泛滥？朝中大臣分为两派，有人主张弛禁，比如许乃济，他认为现在禁是禁不住的，不如放任百姓种植鸦片，自产的鸦片多了，价格自然下跌，洋商无利可图，就会放弃这一贸易，白银外流自然得到遏止，最后鸦片也不禁自绝了。

禁烟派的典型人物当数鸿胪寺卿黄爵滋。黄爵滋，江西宜兴人，道光三年（1823）进士。道光初年，他与魏源、龚自珍、汤鹏、姚莹等人，共同研讨"经世之学"，并以敢言著称。他的思想某些方面与林则徐相通，如认为"利国首在便民，而病民必至妨国"，正确地认识了国与民的关系。又说："民为国本，食为民天"，表现他重视国计民生的民本思想。他的著名的奏折《请严塞漏卮以培国本疏》是禁烟檄文，是重要的历史文献。他的《请严塞漏卮以培国本疏》从重视国计民生的立场出发，指出鸦片是"害人之物，渐成病国之忧"。他主张"今欲加重罪名，必先重治吸食者"。所谓重刑，就是吸食者处死。同时以保甲为单位互相连环保证。这个奏折，是禁烟以来严禁派主张的一个总结。

在黄爵滋上《请严塞漏卮以培国本疏》之后，道光十八年五月（1838），林则徐接着上《筹议严禁鸦片章程折》，指出鸦片"流毒至于已甚，断非常法之所能防，力挽颓波，非严蒉济"，支持黄爵滋提出的"重治吸食""罪以死"的主张。

在《密陈重治吸食鸦片提高茶叶、大黄等出口价格片》奏稿里，林则徐进一步提出"立法禁烟"的主张，并做了透彻的说明："今鸦片之贻害于内地，如病人经络之间久为外邪缠扰，常药既不足以胜病，则攻破之峻剂，亦有时不能不用也。"他主张，不但吸食者论死，而"开馆兴贩以及制造烟具各罪名，均应一体加重"，"查开馆本系死罪，兴贩亦应远戍"，"今吸烟既拟重刑，若辈岂宜末减，应请一体加重，方昭平允"。

林则徐之所以主张重治吸食者，从某种意义上说是首先整顿吏治，绳以法纪，守法才能行法，他说："衙门中吸食最多，如幕友官亲长随书办差役，嗜鸦片者十之八九，皆力能包庇贩卖之人，若不从此严起，彼正欲卖烟者为之源源接济，安肯破获以断来路？……故欲令行禁止，必以重治吸食为先。"

林则徐立法救弊，主张重刑，是来自儒家的刑法理论。

在阐明立法严禁鸦片的同时，他还提出严禁的具体措施：

一、收缴烟具要尽净以绝烟瘾。"责成州县，尽力收缴枪斗"，并送省公开毁碎。

二、劝令自新，以一年为期。

三、"开馆兴贩及制造烟具各罪名，均应一体加重"，"匿者与犯同罪"，"保甲知情不首，与犯问罪"。

四、官吏失察处分，"逾限失察者，分别降调"。

五、地保、牌头、甲长"若不举发，显系包庇，应与正犯同罪，并将房屋入官"。

六、讲求审断办法。办法是将吸食嫌疑犯关在房间里，不许离开，"自辰巳以至子丑，只须静对，不必问供，而有瘾之人情态已皆百出矣。

林则徐的奏稿在北京引起一场禁烟方针大辩论。林则徐认为，对吸食者的罪名拖延时日未定，会使吸食者产生一种观望态度，不利戒毒。

所以，率先在湖北缉拿"开馆兴贩之人"。这一决定是与湖南巡抚钱宝琛和湖北巡抚张岳崧反复商议才确定下来的。林则徐首先在省城及汉口等地设局，派委员收缴烟枪烟斗及一切器具；为配合严打斗争，林则徐特捐廉配制"断瘾药丸二千剂"供应戒毒者使用。林则徐认为："果系真心改悔，查无不实不尽者，禀请暂免治罪，并配给药料，俾其服食除瘾，以观后效"。

林则徐像

林则徐的戒毒斗争，既注意宽严结合，又强调实事求是，从戒字入手。所以，仅两个多月，禁烟效果就十分明显，破烟案多起，缴获烟土1.2万余两，收缴烟枪1900多杆，拿获烟贩何日昇等多人。湖南巡抚钱宝琛也坚决支持林则徐的禁烟措施，收缴烟枪2300余杆。

林则徐在严禁同时，还对瘾君子施以戒毒之药。断瘾药"无家不有，无日不售"。他出巡时，一位"耆民妇女在路旁叩头称谢，据云其夫男久患烟瘾，今幸服药断绝，身体渐强等语"，证明了认真禁烟取得了成效。这些成效，增强了林则徐严禁烟毒的信心——"查看舆情，并非不可挽救，是以乘机谕戒，宽猛兼施，呈缴姑许自新，隐匿者力加搜捕，不追既往，严儆将来"，"务令力回汗俗"。这可以说是林则徐广州禁烟斗争之前的序曲。

8月，正当清廷对禁烟方针举棋不定的时候，林则徐又上《钱票无甚关碍宜重禁吃烟以杜弊源片》，再次向道光帝奏请严禁。这篇奏稿是从中华民族兴衰的高度来认识烟毒的。

林则徐严肃地指明了三个问题：

一、国家出现钱票风波（即金融危机），其根源在鸦片。林则徐在奏章说，他亲自调查过，"凡二三十年以前某货约有万金交易者，今只剩得半之数。问其一半售于何货？则一言以蔽之，曰鸦片烟而已矣"。他估计全国吸食鸦片的人超过百分之一。这是一个极其严重的问题。

二、鸦片祸民殃民，"若犹泄泄视之，是使数十年后，中原几无可以御敌之兵，且无可充饷之银。兴思及此，能无股栗！"

三、不能"养痈遗患"，必须"法当从严"，"必以重治吸食为先"。

林则徐在奏折的最后，颇具深情地写道："睹此利害切要关头，窃恐筑室道谋，一纵即不可复挽，不揣冒昧，谨再沥忱附片密陈。"道光帝可能体会到鸦片流毒的严重性和广泛的社会性，遂下定决心严禁鸦片。他在给军机处的谕旨中称："鸦片流毒日甚，实为近今一大患，来自外洋者固宜严为查办；产自内地者，亦应痛加芟除。"

南国风云

震动中外的虎门销烟开始了！人们将过秤后的鸦片，逐个切成四小瓣，抛入盐池内，经过一段时间的浸化，又把一担担烧透了的石灰倒下去，用铁锄、木耙反复翻戳。顿时，销烟池沸滚如汤。人们欢呼雷动，声入九天。

销毁鸦片的这一庄严的伟大行动，不但向全世界表明了中国人民反抗外来侵略的坚定决心，同时，也在世人面前，洗刷了中国的耻辱。

震慑群夷

1839年3月28日，林则徐接到义律呈报趸船鸦片实数为20 283箱后，即出城到两广总督署中，和邓廷桢商议收缴的具体措施和时间，分檄示谕。

接着，他又令广州知府传谕各国领事，要他们和义律一样，速将该国商人所囤烟土尽数禀缴，听候处理。

当晚，林则徐又传见十三行总商伍绍荣等，盘问洋商在义律呈报缴烟过程中有否通同作弊，严厉警告说："汝为官商，倘有私许夷人以价而后设法赔补者，慎汝脑袋！"伍绍荣等叩首，力言不敢而去。

但是，义律却不为林则徐颁发犒赏而以德报德。29日清晨，林则徐突然接到义律来禀。在禀中，义律声称他和本国商人"皆受固禁如囚者"，在外洋的鸦片趸船"恐不肯顺从缴出"，"难保无乘时扬帆而去者"，对缴烟一事，百般地推诿。却要求迅速撤防，"照常买办工人日备馔食，三板来往省澳及各洋面"。义律明白，只要鸦片贩子们离开广州，就可以对缴烟的保证来个翻脸不认账。

经过封舱、围商馆的较量，林则徐看出义律仍是"借口支吾"，"另生他计"，派员即赴洋行会馆，当面驳回义律的无理要求，并责令他通知各鸦片走私商，"速即作信交官，以凭谕知各趸船，次第呈缴。一经缴到，即一切无不照常"。又谕令各国商人公所值事（外侨商会主席）滑摩，催促在广州商馆内的美国领事士那、荷兰领事番巴臣，赶快开出该国商人贮存鸦片数目，刻日呈缴。

一计不成，又生一计。30日，义律把传令趸船缴烟的一切事项，推给副监督参逊办理，企图推卸他对缴烟应负的一切责任。林则徐获悉后，认为义律推派参逊到外洋催办趸船缴烟，难免别生枝节。以前英国鸦片贩子私售烟土，仅在商馆写单，买者自赴趸船上起货，百无一失，"何不照此缴土，较为简便可行"？义律"既有示令之权，何难直谕各趸船，而必假手参逊，多此转折乎"？他警告义律"不得反复无常，自取咎戾"，责令义律督促烟贩各自写出趸船船名和烟箱数字的英文清单，由其加具总谕呈官，以便持赴趸船次第收缴。并重申："能早一日缴完，即早一日照常通市。"

为了防止义律的拖延抵赖，商馆的防守继续加严。通向商馆的四条街道，堵塞了三条；商馆所有开向大街的后门，均用砖头砌闭；外商的舢板全部拖上了岸。生活方面的限制则放宽，除供应食物外，每日下午还供给每家商馆两桶井水。但是，林则徐冀望采用外国鸦片贩子向中国鸦片贩子交卸鸦片的方式，在几天内收齐趸船鸦片，毕竟超出了客观可能。一则成批收缴和零星交货不同，运输上有困难；二则趸船东飘西泊，到处躲藏，也不像往昔集中在零丁洋上，联络接头不方便。4月1日，当义律上禀表示派令参逊出洋催缴鸦片，断不有恨，"稍有失信，当将职等治以死罪"之后，林则徐便改变态度，同意采用派参逊到外洋传谕趸船缴烟的办法。

4月2日，林则徐批准参逊离开广州，并派佛山同知刘开域等文武员弁同行，赴九洲洋、沙沥角一带招徕趸船，并规定虎门外的龙穴岛为缴烟地点。他宣布完全恢复商馆食物和水的正常供

应，并酌定限制，鸦片缴出四分之一，允许雇用买办、工役；缴到半数，量许舢板请牌，查验往来；缴到四分之三，准予开舱贸易；缴完，一切照常。

在此之前，美国领事士那呈报该国商人所存鸦片1540箱，已报由义律呈缴。林则徐批斥其与义律原报不符，"即使将烟交与义律，亦应在20 283箱之外，不能将英吉利先报之数，作为米利坚应缴之烟"。荷兰领事番巴臣呈报该国仅来船一只，并无鸦片。林则徐表示不予追究，但要他开导其他鸦片商人，迅速缴烟。

4月3日，参逊与刘开域等一行离粤赴澳门，遍传趸船驶往龙穴缴烟。林则徐最后修改酌定了《收缴趸船烟土章程》。这个章程，是经有关负责实际事务的官员反复研究后提出来的。它对缴烟的各个环节都做了具体的规定：

一、收缴烟箱时，应在每箱箱面戳上船主姓名的棕印，经过仔细检查，如系外国原箱，并无开动形迹，则加戳"原箱"二字棕印，并标写号码及验收人花押，点交剥船运回。如并非原箱，即行剔出，俟全船起完，再行查点；如烟土个数不敷，要趸船补足，另候查验加封。

二、派文武员弁各二十名，分管起箱。每一文一武，派管一百箱。编定分管次序，每次收缴两只趸船为一起。零数在一千箱以外者，数少由结尾之员带管，数多则再行轮派，不得参差。

三、起箱时，该相关员弁应逐一标写号码，画押验竣，押送水师提督署中，督视挑夫堆贮，并逐箱粘贴填注委员姓名的小封皮，点交看管之人。日后查出抽换情弊，如系封皮破损，则惟看管之人是问；若封皮完好，则惟经收之人是问。

四、自龙穴至提署，应派得力将备及正印以上文职数员，或沿途催趲稽查，或在署监收督贮。对希图偷取烟土者，立即锁拿严审，从重惩办。

五、为防风雨，应由东莞县多备葵叶、棕片及一切苫盖之物，运赴虎门听用。

六、贮烟地点定在镇口村广东水师提署。署内房间不敷堆贮，应由东莞县负责，在署内空院搭盖高宽篷厂，厂顶铺瓦或数重厚席，地下全铺木板，四周皆有关栏，下挖水沟。贮烟地点周围，要封塞严密，只留一处总路，安设木栅，以便看守。

七、应预先酌派文武妥员，带同兵役，赴虎门负责看守烟箱。洋商应派拨妥实亲友，随同守护。

关天培遵照林则徐的指令，在虎门做了具体的安排。他考虑到提署地方狭窄，不敷贮烟之用，又在镇口村找了一些庙宇民房，按章程的要求，分片加设篷厂、栏栅。

9日晚上，林则徐接到关天培从虎门来信，报告首批趸船已由九洲洋开到龙穴候缴。第二天，他便和邓廷桢、豫堃出靖海门，登舟前赴虎门。经过一天一夜的航行，11日泊舟于虎门镇口。关天培前来迎接，并报告本日已收缴烟土50箱。

当晚，林则徐在舟中过夜。11日早，行李搬上岸后，林则徐又和邓廷桢一起乘舟到沙角，登上沙角炮台，亲自调度各委员收缴趸船烟土。他发现每起收缴两船，办法固为妥顺，但未免多延时日，决定多雇驳船，分起赶收，并命令洋商通知义律、参逊，将趸船一齐驶到龙穴，如龙穴风浪较大，准其驶至沙角停泊和缴烟。

从沙角炮台上远眺，龙穴俯首眼底。"沙角台高，乱帆收向无边"。几十年来用万恶的鸦片毒害中国人民的英国侵略者，第一次俯首听命，查禁鸦片的斗争，第一次看到它的胜利成果，林则徐心潮起伏，耳边仿佛响起一阵阵春雷。

就在这个具有历史意义的时刻，林则徐和邓廷桢在沙角炮台上拜发了报告英国烟贩趸船鸦片尽数呈缴的奏折。这折稿，是他们来到虎门后，在舟中商定的。在奏折中，他们向道光帝提出：等到收缴烟土完竣之日，准备"派委文武大员将原箱解京验明，再行烧毁，以征实在"；并要求酌量赏给缴烟者每箱五斤茶叶，所需费用，均属捐办，不敢开销。在另片中，他们又请求允许外国照常互市，"所有断绝茶叶、大黄，似可暂缓置议"；照会英国国王一节，似可暂缓颁行。如有需要，一并留待议定善后章程时处理。

为了保证收缴烟箱的顺利进行，从14日起，林则徐移住师船"新会"一号，坐镇沙角海口监收。

龙穴洋面，时晴时雨，收缴烟箱的工作也顺逆相交。缴烟地点改到沙角以后，每天收烟的速度加快了，从开头的50箱到600箱，最高达1000箱。扑面而来的大风，滂沱倾盆的暴雨，阻拦过缴烟的进行，但这样的困难是微不足道的。英国烟贩们的暗中扰乱，始则破坏了缴烟的顺利气氛，终则延误了缴烟的正常进程。林则徐不得不对此给予密切的注视。

到5月18日，趸船鸦片收缴完竣，总计19 187箱，又2119袋，比义律原报数字，溢收一千余袋。

23日，英国鸦片贩子颠地、孖地臣等奉命具结后，被驱逐出境。24日，义律带着居住商馆内所有的英国人，离开广州，前往澳门。缴烟的斗争，以英国鸦片贩子的彻底失败而告终。

惩贩禁食

在收缴趸船鸦片，堵塞鸦片来源的同时，林则徐采取一系列果断的措施，扫荡广东的鸦片流毒。他总结了湖广查禁鸦片的经验，刊刻了《禁烟章程十条》和各种断瘾药方，颁发全省各地遵照实行。

《禁烟章程十条》具体规定了查禁鸦片的途径和办法，是广东禁烟运动的纲领性文件。它的主要内容是：

一、省城广州从3月15日起，外府州县自奉文之日起，勒限两个月，让吸食者断瘾。其所有烟土、烟膏、烟枪、烟斗及一切零星器具，一概缴官，不追究缴者姓名。窑口、烟馆贩售者，应即自首并缴出烟土烟膏。如抗拒缴出，被人告发，或线人引拿，搜出真赃实据，则尽法惩治，本犯财产籍没变价，赏给首告及引拿之人，诬者反坐。

二、入室搜查，文武各官须亲带兵差，进门前先将兵差逐一搜检，出门时亦当众搜检，杜绝栽赃、攫窃二弊。

三、广开指揭之门，允许下属指告或禀揭上官，经查切实，熬审不虚，分别记功，奖励拔补。各级官员徇庇属下吸食或包私者，一并严参。

四、各州县奉文后，应分都分图，由城及乡，编查保甲，由绅士综理，再由绅士推举各乡公正衿耆，分段编查，按门牌底册，详细填注"保"或"不敢保"字样。地方官应将各乡不敢具保之人，另立一册，限日搜查，无实据者，责成该管族党正副立限确查保结，倘仍不敢担保，立即严拘讯究。

五、文武生员由教官查核学册，随意拨派五人互保，缴官备案。吸食者，由教官转报地方官审明实据，立即详革治罪。捐职及贡生、监生，由生员各保所知。无人肯保者，责成已经保过之捐职或贡、监生保之。仍无保之人，查讯熬验。

六、兵丁以五人为一伍，互相连环保结，其不敢保者，另立一册，听候委员熬试。

七、幕友、官亲、长随，将署中有无吸食之人出具切结，属员则申送上司，同官则互相咨送，以凭查考。经承小书，各班书役，由本官随便指拨五人，互相派保。

八、出洋船只，由该口岸澳甲编号造册，饬令五船互保。无人保结之船，另立一册，搜查究办；查无实据，亦编入岸地，交保约束，不准再令驾驶出洋。内河大小船只及疍家渔船，责成地方官一体查办。客商夹带或吸食鸦片，许船户向沿途地方官密行告发。

九、客寓、寺观、饭店，设立循环号簿，详细登记暂时寄寓之人的里居姓名，每五日送该管衙门考核，许庙祝店主随时密告。

十、客商过关投税，应先由行户经纪人检查，将货单保结，到关时交关口委员核对图记相符后，抽查货物。

这十条对吸食、贩售、贪污徇隐、栽赃、攫窃之人均定有罪名，切中时弊。为了使章程能够付之实行，林则徐发出告示，敦促从前误食鸦片者，速即力求断瘾，痛改前非。他痛数鸦片"是比诸盗贼之用闷香，拐带之用迷药，妖邪之用蛊毒，以攫人财而害人命者，殆有甚焉"，指出鸦片流毒给中华民族带来严重祸害，还有可能招致外来侵略。

林则徐的禁烟措施，深受广东人民的热烈欢迎和支持。速戒鸦片告示贴出后，鸦片吸食者纷纷呈缴烟土、烟枪，服药除瘾，"凡家人骨肉、戚友乡邻，平日劝之不从者，至此皆得惊以功令之严，夺其物以祛所嗜"，形成"一人之瘾，众人断之"的局面。对抗禁烟令者，亦纷纷落网。截至5月12日止，两月之中，捕获吸毒、兴贩罪犯1600名，收缴烟土烟膏461 526两余、烟枪42 741杆，烟锅212口。

随着广东禁烟运动的步步深入，连东北的奉天、吉林，华北的蒙古草原，西南的云南等边疆地区，也都开始取缔烟贩、收缴烟土烟枪、铲除种植罂粟地亩的行动。一些查禁不力的地方官，相继受到处分，吸食鸦片的朝廷官员和宗室，也受到惩治。

反严禁的官吏迫于时势，表面上也在力行禁烟。但是，这批人直接间接、或多或少地和鸦片贸易攀上姻缘，他们不甘心真正的禁烟而失掉自己的切身利益。以穆彰阿为首的朝中弄臣，首先抓住审议严禁鸦片章程的权柄，妄图将吸食贩卖鸦片的罪名减轻。"廷议从轻"，在北京已是司马昭之心，路人皆知，只是由于道光帝的执拗，未能通过。

明的不成，又来暗的。他们在道光帝身旁大进谗言，攻击收缴烟膏烟具，是地方官意在邀功，希图塞责，对林则徐提出的严禁措施来个釜底抽薪。道光帝听信其言，于4月16日下旨："嗣后拿获吸烟人犯，不准以呈缴烟膏烟具入奏。"这样，正在蓬勃兴起的禁烟运动，遇到了来自内部的巨大阻力。谕旨尚未送达广州，风声早已走漏至粤。羊城内外，蜚语丛生，"禁烟已弛，有枪有烟，仍听存留"的谣言，不胫而走。负责收缴的乡绅，到乡下查访之时，便受到鸦片吸食者们的阻挠，"谓已奉旨免缴，何得多事"。

在此之前，两江总督陶澍因病重上折奏请辞职，接着在《恭谢恩准开缺折子》中，又以"林则徐才长心细，识力十倍于臣"，荐举林则徐继任。道光帝遂于4月22日下令，调林则徐接任两江总督，未到前由陈銮署理。这表明，亲自决断特派林则徐赴粤查禁鸦片的道光帝，已经把禁烟放在次要地位，准备让林则徐去整顿疲敝不堪的漕务了。

5月18日，正是英国趸船鸦片倾数缴清的那一天，林则徐在虎门接到调任两江总督的谕旨。新的命令给林则徐带来新的忧虑。他怕朝廷催促他赴任，而不能和禁烟运动相始终，几个月来呕心沥血为之奋斗的事业，将要功亏一篑了，心中不禁升起凄凉而苦楚的情绪，在写给怡良的一封信里，他怅惘地说："缴土之折回来后，定将此间烟事归与两贤（指邓廷桢、怡良），即催愚兄速赴新任。上学之期不远，而旧日学堂功课之难犹在，梦寐思之，能无神沮？"

然而，尽管可怕的腐朽势力肘掣着他，林则徐没有动摇自己的斗志。他上奏道光帝，力陈缴烟之后，禁烟运动不能停止。他认为不但广东对外国货船还要随到随查，就是沿海各省，亦应一体严查，时加防范，使"收缴之令随在得行"，方可永杜窜越售私之踪。同时，"内地兴贩已久，流毒甚深，囤积之家定必不少"，"虽已力塞其源而其流尚未有艾"，各省均应同心协力，"趁此机会严缉痛惩，首缴者许以自新，怙恶者寘之重典"。在密片中，他还要求道光帝敕刑部"将夷人带鸦片来内地者，应照化外有犯之例，人即正法，货物入官，议一专条，并暂时首缴免罪，如何酌予限期之处，奏请谕旨，通行遵办，俾得谕令各国夷人，咸使懔遵，嗣后自必不敢犯法，似亦刑期无刑之意"。

"万里潮生龙穴雨，四围山响虎门风"。面对着滔浪滚滚、雨骤风急的南海，林则徐百感交集，感情澎湃。他激动地赋诗咏志：

　　弭节总怜心似水，联樯都负气如虹！

虎门销烟

　　林则徐深知英国鸦片贩子们，决不会因此次反缴烟的失败而从此放弃贩运鸦片到中国来牟取暴利的。而这种以贩卖鸦片来害人获利的经济侵略，一旦受到中国政府的坚决反对和抵抗而不能再肆行无阻，甚至被彻底中断，他们终于会有一天凶相毕露，试图以武力进行反抗的。既然英国坚决不肯放弃以鸦片输入从中国获得暴利这一既得利益，武装侵略便会成为其经济侵略失败后的唯一选择。何况，他已经从多种渠道获悉，义律已在处心积虑地策动英国政府出动海军舰艇来华进行武力威胁。

　　所以，在大沙角督收外国趸船鸦片的日子里，林则徐特别留心视察了虎门的海岸防御形势。从住所的师船上瞭望，号称祖国南大门的虎门，的确是天然之险要。眼前，沙角和大角两山，隔岸斜峙，是出入珠江南海的第一道重要的门户。往内河望去，七里远处，又有一名叫横档的小岛屹立中央。这几个岛屿、礁石，宛如英姿雄耸的国门哨兵，又和左岸俗名亚娘鞋的南山，并列雄踞，组成第二道重要的门户。由横档再进五里，大虎、小虎两山，伏波中流，便是第三道重要门户……

林则徐还大量查阅海防资料，并多次向关天培做专门咨询，很快就了解到：虎门自1717年起设防，最初时仅有横档、南山两座炮台，各置大小铁炮12门。1800年，又添建沙角炮台，置大小铁炮12门。1810年，再建新涌炮台于亭涉山麓，置炮12门。1815年，又在横档炮台前加筑了月台，炮位也添置至40门；又在南山炮台西北新建镇远炮台，置炮40门。1818年，再建大虎炮台，置炮32门。1830年，又建大角炮台，置炮17门。1835年初，关天培到此担任广东水师提督以后，殚精竭虑，整顿海防，在南山炮台前又加筑月台，合称威远炮台，新置连同旧有的炮位40门。又在横档背面山麓建永安炮台，置炮40门，在对岸芦湾山脚，建筑坚固炮台，置炮20门。关天培亲自督铸六千斤和八千斤大炮各20门，使主要炮台的火力有所加强。1836年，他又督铸了三千斤大炮9门，分置于永安、巩固、蕉门炮台。林则徐奉命使粤之际，关天培和邓廷桢议妥并奏准添建靖远炮台和两道拦江木排铁链。此时，新建工程基本完竣，只剩下兵房、望楼、官厅、军装和火药两库，还在加紧施工……

在收缴趸船鸦片将及尾声的时候，林则徐移舟到南山、横档一带，在关天培的陪同下，流览登眺。他在横档江面察看了木排铁链，又从威远炮台下登岸，视察了威远炮台，观看三门五千斤铜铁大炮试演。在隆隆声中，炮弹远击对岸山根。接着，又巡视了刚刚竣工的靖远炮台，观看了从澳门购置的外国铜炮。他亲看宽六十三丈、高一丈四尺五寸、置炮60门的靖远炮台，台墙钉桩砌面，垛墙炮洞则用三合土夯打而成，台后用大石砌成九十丈长的半圆形围墙，十分结实坚固，深感满意。

然后，他来到江边，验视铁链安根处。这是山脚下人工穿凿的石槽，以八千斤废炮当"根"，横按槽底，炮身外加铁箍四道，上扣由四条扭合为一的铁链，牵引着八条合成一股的横江大铁链。铁链比碗口还粗，一个环子重达十八斤。第一道铁链，安于南山与饭箩排巨石之间，长三百九丈零，上系大木排三十六排；第二道铁链，安于南山与横档之间，长三百七十二丈，上系大木排四十四排。第一大排，由四小排联成，每一小排，由四根长四丈五尺的木头联成，穿有横木，并用铁箍箍紧。每道铁链两头是固定的，中间衔接处由大铁链接扣，可以开合，有事则横绝中流，无事则分披海岸，以通出入。林则徐对关天培考虑周详、布置得体，大加赞许，并嘱咐弁兵严加管理，勤加检查，一再强调："若有寸铁脱扣，一木离箄，立刻即行修复，总使连成整片，百密不任一疏……"

从趸船上收缴来的烟箱，全部堆贮在虎门寨下水师提署和附近的民房庙宇。由于烟箱每个长约三尺，高宽半之，大房一间才能堆至四五百箱，房屋不足贮存，只好按贮存烟箱地点分成数片，每片房屋外加筑围墙，添盖高棚，贮放烟箱。为了防范偷窃等弊，林则徐内派文职正佐十一员，分棚看守，外派武职十员，带领弁兵一百名，昼夜巡逻，等待道光帝的传谕下达，再做处理。

北京方面，道光帝接到林则徐收缴趸船鸦片、请解京验明烧毁的奏报，于5月2日下旨允行。但是，突然于8日接到浙江道监察御史邓瀛的上奏，以广州距京遥远，车运不便，所借贷之民力，更难以计算，估计从广州至江西一段水路需雇民船百余号，水手千余名；安徽以北的陆运，又需大车千余辆，民夫千余人，骡马五六千匹，不免赔累劳扰，而且容易偷换作弊，建议就地销毁。道光帝遂于9日改谕林则徐和邓廷桢：就地"督率文武员弁，公同查核，目击销毁，俾沿海居民及在粤夷人，共见共闻，咸知震慑"。

虎门方面，5月24日，林则徐奉到道光帝2日所发允准将收缴鸦片原箱解京的批谕后，第二天就立即与关天培等研究起运的办法，由于通过运河运送，已近雨季，恐江河泛滥而受阻，又恐途中安全问题不得保障，最后决定由海船解京……

5月30日，林则徐便又接到道光帝无庸解送来京的谕旨，遂又赶紧追回上一奏折，马上着手进行就地销毁的准备。

凡事预则立，不预则废。林则徐在等候道光帝决定处理鸦片的办法之前，就已经预料到，因将如此大量的鸦片集中运往北京，实在是太劳民伤财了，道光帝也许会因此而令就地销毁。所以，此间的林则徐，已经广咨博采，找到大量销毁鸦片的有效方法。

他对关天培说：原在任湖广总督期间，销毁收缴来的鸦片的方法，是将鸦片拌以桐油，点火焚烧，但是"焚过之后，必有余膏残沥渗入地中，积惯熬煎之人，竟能掘地取土，十得二三，是流毒仍难禁绝"。

关天培也认为，现在袭用旧法，显然是很不妥当的了。

经过访查，林则徐得知鸦片最忌两种东西，一是盐卤，一是石灰。凡是用烟土煎熬成膏者，若有谁把石灰或者盐水误投其中，所有烟土就会立即在石灰或盐水的作用下，立即变成一锅糟渣臭沫，再也没有任何办法能将这些糟渣重新收拢聚合成为烟膏。林则徐经过亲自试验，屡试屡得成功。于是他便决定首选这种用灰、盐煮化的方法销毁鸦片。然而新的问题马上就出现了：煮化虽比焚化科学，但不适合大规模销毁，因为依照此法，需设锅灶累百盈千，管理也不容易。如果每次少设、逐渐销毁，这两万多箱鸦片，没有几个月的时间，是根本不可能销毁完成的。

林则徐与关天培等反复酌商，又向一些有经验的人调查咨询，摸索出了挖池浸化的方法。这就是挖掘水池以代替铁锅，在水中撒盐成卤，然后将鸦片切片投下，泡浸半日，再把整块烧透的石灰抛下，搅拌浸化，然后将所化之毒水全部放流入海。

挖池浸化以销毁鸦片的方法，明显比以前的煮化法大大地前进了一步，它既符合科学道理，又便于大规模销毁。从这一侧面，我们再一次看到了林则徐克职尽责、勤政务实，又特别注重调查研究、集中群众智慧，时时事事必做有为清官的高尚人格。

挖池浸化销烟的办法确定以后，林则徐并不坐待道光帝的批谕，立即着手设计挖掘两个长宽各十五丈余的方形大池以轮流浸化的方案，并下令立即在镇口村码头旁的海滩高地上紧急施工。5月13日，林则徐亲临镇口村码头旁的海滩上，查看销烟池工程进展情况

果然不出林则徐预料，5月30日突然接到道光帝就地销毁的谕旨。而此时，挖池工程已近完竣。两个大池的池底，均铺上石板，池前设一涵洞，做排泄鸦片渣沫之用，后面通一水沟，以便车水入池。池岸四周的栅栏也钉树起来，供官员监视检查用的棚厂也建了好几座。

接旨当天，林则徐命令专程送谕旨到虎门的邓廷桢来弁星弛带回，并作书函商："恭绎圣意，重在防弊……拟请将军、都统一同过眼"。

接着，林则徐又致书豫坤，转告"顷续奉谕旨，无庸解送"一事。

31日，林则徐又致书怡良说：阁下本是个中人，似亦可拨冗一来……此间毁化之期，总得省府有一位大员前来督视，方可以动手开始销毁的。

一切安排就绪，6月1日夜雨淅沥，林则徐心潮翻涌，久难成寐。回想自己自奉旨来到广州，数月中所遭遇的种种坎坷经历，不禁时而为之心热、复又时而为之心酸……想到现在盐卤和石灰都已经准备停当，只过几天烟池挖掘完工，就要大举销毁鸦片了。而欲将那两万多箱鸦片悉数销毁净尽，没有十几天的时间是不可能的。如今就要把那些害人性命的毒物化为毒水放进大海了，虽然从此这些毒物不能再害人命，但放流入海，又能不能毒害海水中的鱼虾蟹蛤呢？如果毒害了这些水中诸生物，沿海之民又如何再以捕捞维生？……他此时突然记起唐朝韩愈任潮州刺使时，曾以一篇《祭鳄鱼文》而使一方百姓得以安宁度日；我何不

亦写一文，以告知水下各族，日内即将消化鸦片，放出大洋，令水族先期暂徙，以避其毒？想到此处，他便披衣而起，扯纸捉笔，写下一篇《祭海神文》。

这是何等的纯洁！水族有灵，岂不感动而暂徙？"有汾浍以流其毒，况茫乎碧瀣沧溟；虽蛮貊之邦可行，勿污我黄图赤县"——这分明是向四海五洲宣告中华民族拒毒的决心！

经过往复函商，最后确定了省大员轮流赴虎门查看销烟的次序：6月3日上午，广东巡抚怡良、粤海关监督豫坤抵虎门，会同钦差大臣林则徐，监督和观看首次销烟……

豫坤接到林则徐的通知后，立即收拾，准备动身赶往虎门。此时他的一位小妾却嘟着嘴说："林则徐这一来，坏了咱们那么多的好事，你却这般顺从着他。"

豫坤道："销烟这等大事，况又钦差有邀，焉可不去。"

小妾撇嘴道："他钦差怎么了？他是皇上派来的一品大员，你也是皇上派来的一品大员，难道你还怕着他几分不成？"

豫坤道："此非谁怕着谁的事体。"

小妾即问："那又是个何种事体？"

豫坤张了张嘴，没有说出什么，把手搭在茶杯上，良久无语。

良久无语的豫坤，突然长叹一声，感慨地说道："近日以来，我日思夜想，纵观横觑，身为朝廷命官，凡尚存一丝报国忧民之心者，无不应为林则徐所言所行，大为感动矣。"

小妾一下愕然，盯住豫坤。

豫坤复又突然仰天一叹："林则徐，真廉吏也，真君子也！"

林则徐虎门销烟，似有天助。本来连日以来，虎门一带大雨不断，大家都怕销烟大事会因天降大雨而受阻，不得不延期施行。可是到了6月3日这天，突然雨敛云收，晴空万里如洗！

虎门海战

一直忧心忡忡的豫坤、怡良和关天培等，不由都呼出一口长气。

林则徐激动地仰天大叫："此天助我等也！"

历史，应该永远记住这一天：公元1839年6月3日。

这一天，古老的虎门寨下，密密麻麻的人墙遮掩了远近的青山绿树。远近士绅百姓，男女老幼，数千累万的人们相互召唤着从四面八方赶到虎门寨海滩，拥挤着，欢叫着，争相寻找更高的地方立脚，引颈张望，无不希望能一睹钦差林大人的风采，看清浸销鸦片的场面

为防欢呼涌动着的参观群众挤倒销烟池边的栅栏，关天培不得不断增派将弁、营兵，筑成多层人墙，守护住栅栏外围和栅栏入口。

此时，销烟池对面的山脚中央，一座高起雄峙的观礼台上，挂起麒麟帐，铺着红毡毹。山前山后，扎满绿营兵哨。观礼台的上空，一杆黄绫长幡高悬，迎风啸动，"钦差大臣奉旨查办广东海口事务大臣节制水陆各营总督部堂林"一行大字，在当空的阳光下醒目耀眼。

人们都在等待着一个威严而雄壮的时刻！

午后约二时许，顶戴蟒袍的林则徐在怡良、豫坤等文武大员的陪同下，登上礼台了！

在九声轰轰巨响的礼炮声中，震动中外的虎门销烟开始了！

一群群祖胸赤脚的夫役们，站在横跨销烟池的数条木板上，撒下盐巴，又把劈箱过秤后的鸦片，逐个切成四小瓣，抛入池内。经过一段时间的浸化，又把一担担烧透了的石灰倒下去，用铁锄、木耙反复翻戳。顿时，销烟池沸滚如汤，不爨自燃，"浓油上涌，渣滓下沉，臭秽熏腾，不可溜迩"。远近山峦欢呼雷动，好似山起海翻。一池销毁完毕，即打开涵洞，冲刷入海，另一池又开始了紧张的浸化……夕阳西垂，一百七十箱鸦片全部化为渣沫，随着退潮的海水，流向大洋。

销毁鸦片的这一庄严的伟大行动，不但向全世界表明了中国人民反抗外来侵略的坚定决心，同时，也在世人面前，洗刷了中国的耻辱。

销烟的壮举振奋人心。端午前后，远近群众前来观看者越来越多。

为了彻底销毁鸦片，林则徐采取了严密的防范措施，先后拿获企图在销烟现场偷窃鸦片和乘夜爬墙窜入贮烟处所开箱偷土的罪犯多起，并予以严惩重办。

怡良返回广州后，邓廷桢于6月17日来到虎门，陪同林则徐监视销烟，直至结束。

整个销烟期间，广州将军德克金布，都统奕相、英隆，按察使乔用迁，运司陈嘉树，粮道王笃，都先后轮流到现场查视。

为了让外国人对中国销烟的壮举也能"共见共闻"，6月13日，林则徐发出告示，准许外国人到现场参观。

义律也接到了可以前往虎门观看销烟的通知。接到通知的义律没待翻译把通知全文边译边说完，便一下颓坐到椅子上……从答应缴烟开始，义律就根本不相信林则徐会销毁鸦片。4月22日，即缴烟刚及半数之时，义律就曾写信报告英国外交大臣帕麦斯顿说，他估计这批鸦片将作为政府专卖，而使今后的鸦片贸易合法化。他确信中国政府可能建立一种偿还原主烟价的基金，以某种方式付出某种代价……在广州商馆里的外国商人，也做了许多推测，许多人也曾断言中国人决不会焚毁一两鸦片，绝不会把价值万万白银的好东西付之一炬或毁之入海的……

允许外国人参观的告示公布后，美国奥立芬洋行股东经和眷属、传教士裨治文、商船"马利逊"号船长弁逊等，乘坐"马利逊"号，于15日下午从澳门出发，赶往虎门参观。17日上午，他们的船从沙角带到镇口海滩。林则徐允许他们走进栅栏内、销烟池前，观察销烟的全过程。在事实面前，他们不得不佩服中国人办事认真负责。裨治文在参观记中写道："我们曾反复考察过销烟的每一个过程，他们在整个工作进行时细心和忠实的程度，远出于我们的臆想，我不能想象再有任何事情会比执行这一工作更忠实的了。在各个方面，看守显然是比广州扣留外国人的时候严密的多。镇口有个穷人，因仅试图拿走身旁的一点鸦片，但一经发觉，几乎立即被依法惩办。即使偷去一点鸦片，那也是要冒着极大的生命危险的。目击后，我不得不相信这是一个事实。"

为了向外国人表明中国禁烟运动的政策和决心，林则徐在销烟池畔的棚厂内接见了他们。美国人在《中国丛报》报道说："在谒见时，林钦差用坦率的言词宣称：中国政府对今后走私鸦片，必予以最严厉的惩处，而对于从事正当贸易的外商，则将给以恩惠，并且，走私决不容牵累合法贸易。"

林则徐还利用这次接见的机会，向他们了解到一些有关英国海军的实力和装备等情况。

当美国商人问他，是否估计到英国侵略者不会甘心失败，甚至进行武装挑衅时，林则徐坚定地回答道："无论英吉利国将采取怎样的无理行动，我们都决不会退缩一步！"

同时，他还借此机会，庄严地向全世界宣告："我们不怕战争！"

销烟之后，为了继续加强缉私、严禁再有鸦片贩入，林则徐深感

"沿海文武官弁不谙夷情，震于英吉利之名，而实不知其来历，遇有夷船驶至，不过循例催行，如其任催罔应，亦即莫敢谁何"。他一面认真研究外国情况，一面着手整顿水师，先后参革了几个因循不振的水师将领：

海门营参将、水师提标左营游击谢国泰，以巡防渐懈、纵容疲玩，被林则徐勒令休致（退休）。

南澳镇总兵沈镇邦，以"一味因循，含糊饰禀"，"于两省交界洋面莫展一筹，难胜水师专阃之任"，降为游击都司……

林则徐还当即奏请明令：

允许水师兵船进海巡逻，剿除敢于闯入我国领海的进行走私的船只；允许"雇募沿海之善泅者，多驾拖船，满载车薪，备带火器，分为数伍，占住上风，漏夜乘流纵放"，焚毁胆敢窜越领海、走私鸦片的外国船只……

……从6月3日开始，至23日为止，整个销烟过程历时20天，一共销毁鸦片19 179箱，又2119袋，实重237 6254斤。留下公班、小公班、白土（即白皮）、金花烟土各两箱，预备解京作为样土。

6月25日，林则徐、邓廷桢满怀胜利的喜悦，登舟离开虎门，返回广州。

林则徐力主收缴外商进入中国的全部鸦片，亲自主持虎门销烟，把清朝政府抵制外国鸦片侵略的斗争一下子推到了顶点。

林则徐在缴烟和销烟过程中，疾恶如仇，办事认真，无愧为中国近代史上第一位杰出的民族英雄。

严令交凶

当销烟事务顺利结束后，进一步开展禁烟运动的最大难题，并不是对广东内地民间贩吸鸦片的深入查处，而是义律等英国鸦片贩子们拒不具结"永不再贩运鸦片到中国"的合同。

早在赴虎门收缴趸船鸦片之前，林则徐就多次重申过3月18日提出的，要求外国人出具永不夹带鸦片甘结（保证书）的命令，并于4月4日发出甘结式样，要外商遵办。在广州商馆里的外商，由"外侨商会"召集，于5日和8日开会研究对策，拒绝了林则徐出具甘结的要求，并宣布解散"外侨商会"。基于外商的对抗态度，林则徐于9日谕令义律督促具结，并统由他具禀呈察。

义律的态度此时更为横蛮，当4月21日伍绍荣等洋商再次把甘结式样交给他时，他不仅当场撕毁甘结式样，而且口出谰言，进行猖狂挑衅，叫嚷说："我为什么要听你们的？我现在就当着你们的面把它撕碎了，你们回去告诉你们的长官吧，要甘结没有，要命现成，再拿甘结的事情来纠缠我和你们自己，那是徒然的，不会有任何结果的！在我们的门口，已经有四个多星期，不分昼夜，站着手持白刃的人们，料想你们那些人一定奉有命令，如果我们企图逃跑，就杀掉我们……那么，又何必需要我们具结同意在未来的时期，去杀掉那些再运鸦片来的人呢？……"

义律已经是一副无赖嘴脸了。他把中国方面为保证收缴趸船鸦片而采取的正当措施，作为他抵赖具结的借口，这完全是强盗的逻辑。事实上，由于英国政府和鸦片贸易的肮脏的关系，义律绝不会甘心缴烟，更不会甘心永远和鸦片贸易切断关系，他是站在鸦片贩子的立场上说话

的。因此，他不但自己抵赖具结，还千方百计地阻挠和破坏从事正当贸易的英国商人具结。

林则徐驱逐16名英国烟贩出境，义律立即以全体英商撤离广州相对抗。林则徐宣布在具结的前提下恢复中外贸易，义律便宣布禁止一切英国商船进入虎门之内。义律离开广州去澳门之前，口口声声地表示："违禁犯卖一弊，误及正经贸易，贻累人之家业，其害甚重，亟须设法早除此弊于常久。如准委员来澳，会同妥议章程，其违禁犯卖之弊，可冀常远除绝。"可是当他真的得以逃到澳门后，便又立即改口，于6月5日致函林则徐，声称"本国船只进埔，须候奉到国主批谕"，要求允许英船在澳门装货。当林则徐指出这一要挟毫无道理，"仍系别蓄诡谋"，派出佛山同知刘开域赴澳门谈判章程，并颁赏缴烟趸船茶叶1641箱时，义律竟翻脸不理，叫嚷："不准在澳装货，便无章程可议。"

义律阻挠、破坏英商具结贸易，意图是十分明显的。他在5月29日已经把商馆被围、鸦片被缴、英商退出广州、禁止英船进口贸易的种种情节，向外交大臣帕麦斯顿写了详细的报告。他还向印度总督奥克兰求援，要求派出军舰前来"保护"。现在他唯一要做的事情，就是用僵化中英贸易来刁难林则徐，拖延时间，等待英国政府发动对华战争的命令。

义律的态度助长了英国鸦片贩子拒不具结、破坏禁烟运动的嚣张气焰，他们欢呼这是"以一个本国政府机关的名义所发布的积极命令"。他们公升在沿海走私鸦片，把大量陆续运来的鸦片贩运到"东海岸"——福建沿海。查顿·开地臣洋行又通过在马尼剌设立支店的办法，向中国沿海大力走私鸦片，两百元一箱买进的鸦片卖到八百元，最高竟然还达到一千元！

广东缴烟后鸦片交易几乎已经完全停止了的好局面，很快就被他们给破坏了，在广东已经被彻底查禁了的洋商与内地烟贩之间的鸦片交易，又正在广州以东约二百英里的几个地方极其活跃地进行着……

更为严重的是，义律和英国鸦片贩子破坏于外，以首席军机大臣穆彰阿为首的反禁烟派官吏和中国鸦片罪犯们则捣乱于内。道光帝那道不准以收缴烟土烟枪入奏的谕旨，对全国方兴未艾的禁烟运动起了极其恶劣的破坏作用。广东以外，各省收缴烟土烟枪几乎陷于停顿……在广州，虽然严禁派官僚掌握着大权，但反对禁烟的人已经公开露面，到处散布流言蜚语，就连林则徐的谕帖，也经常被各级官吏们任意增减内容，宣读时随意加上他们自己的一些反禁烟的"别白"……福建沿海，出现了由中国走私商组织起来的可怕的贩烟集团，省及府州县的各级政府官员竟然不加以任何干涉。

在与国内朝臣大吏们打着一系列艰难的"笔墨官司"的同时，林则徐仍坚持把具结作为断绝鸦片来源、区别正当贸易和鸦片贸易的主要手段。敦促外国鸦片贩子改邪归正，出具切结，保证永远不再夹带鸦片，从事正当贸易，这是林则徐对犯法的外商仁至义尽的宽容做法，是他不愿闭关自守，愿和外国通商友好的善良愿望。

但是，林则徐的想法有些一厢情愿了。跟随义律抗拒具结的英国商船，从黄埔港撤出后，和缴清烟土尚未回国的鸦片趸船一起，退泊到九龙尖沙咀一带海面。新近从印度等地开来的英国商船，也奉义律禁止具结进口贸易的命令，聚泊在这里。林则徐为了防止他们偷售鸦片，派遣水师船只三四十只驻泊该地查缉。义律借口师船妨碍英船接济食物，曾于6月19日致函佛山同知刘开域和澳门同知蒋立昂，要求撤退师船，并危言恫吓说："饥饿之人正恐有冒险求食者……酿出不幸，自不能仍责义律"。

林则徐为了促使新来商船具结进口，趸船和不愿具结的英船迅速回国，于次日决定自动撤回师船，给予五天期限，让他们选择来去二途。对于义律的恫吓，林则徐除严加批驳外，并针锋相对地警告说："若再执迷不悟，则不能不示以威严，不独各处师船，一调即至，即沿海民人，莫不视波涛如平地，倘一触动公愤，则人人踊跃思奋，虽欲阻之而不能矣。"

林则徐的善良愿望和严肃警告当然不能感化义律。五天过去了，尖沙咀一带的英船毫无驶离的迹象。半个月后，英船水手更制造了一起骇人听闻的流血事件。

一群英船水手窜到尖沙咀村酗酒作乐，无端启衅，借酒醉殴打中国居民，村民林维喜被英国暴徒用木棍击中顶心及左乳下胸部，于次日毙命。英船水手同时还打伤男人、妇女和儿童多人。

事发后，义律匆忙于十日赶到尖沙咀进行所谓的"就地调查"，假惺惺地宣布愿意以二百元奖赏指明杀人凶手的人证，一百元奖赏指明打人凶手的人证。然后，他拿给受害者林维喜家属一千五百元赔偿费，并加给四百元"以防被人勒索"，又给被殴受伤的村民每人一百元，妄图以重贿换取受害人在中国方面前来调查时，提供"命案纯由误会发生"的虚假证词。

五天后，林则徐接获英国水手殴伤尖沙咀村民致死的报告，立即决定派新安县（今宝安）知县梁星源赶到尖沙咀查办。通过村民的协助，很快就查明确了事件完全是因英国水手酗酒行凶所致，而义律给付受害人的"买口钱"，明显是为了以送贿达到使人捏造假供的龌龊行为。

林则徐根据这个调查结果，按杀人偿命的法律，立即派员到澳门，谕令义律交出杀人凶犯，由中国官府审办。林则徐发出交凶的谕令，义律"抗不收阅"。并且借口当时在场的有美国水手，横生枝节，拒不交凶。他叫嚷英国没有把本国人交他国审判的法律。

林则徐认为义律的这一系列举动，是"狂悖妄为"。为了更加有力地驳倒义律的狡辩，采取正确的对策，他了解和研究国际法，组织翻译了1758年瑞士人滑达尔著《各国律例》的有关段落。除袁德辉翻译一部

南国风云

分外，还叫当时在广州开设眼科医院的美国传教士伯驾译了几节。

在查阅外国有关法律文件的同时，林则徐又谕令美国领事调查美国水手是否在场，即速交出凶手。结果美国领事的报告和现场调查一致，行凶的都是英国水手。

林则徐查明案情，又了解了西方国际法，确信"杀人偿命，中外所同"，理直气壮地坚持要义律交凶。8月2日，他和邓廷桢、怡良会衔发出告示，重申要义律交凶的谕令，并宣布停泊尖沙咀一带英船的食物采买，须有通事和领有执照的买办经手，禁止私自买卖，以防沟通贩毒。

然而，义律存心践踏中国主权，对林则徐的笔谕口传，一概不理，竟非法宣布在中国领海上设立一个"具有刑事与海上管辖权的法庭"，煞有介事地宣布对一名英国水手犯杀人罪的控诉案不予受理，然后让五名参与殴打的水手押送到由十二人组成的小陪审团面前受审，当即判处三人监禁六个月、罚金二十镑，两人监禁三个月、罚金十五镑，还指定监禁应在英国的一个监牢里执行。义律心里明白，英国政府并没有赋予他充当法官的职权，他的"判决"毫无法律价值，他只不过是想把包庇凶手的恶行披上伪善的外衣，如果中国人上当的话，他更可引为先例，伸手为英国政府攫取在华领事裁判权。即使不能如愿以偿，也可以借此扩大事态，挑起中英冲突。

林则徐对义律拖延月余抗不交凶的可耻行径极为愤慨。为了维护中国的独立主权，不任英国侵略者"坏法养痈"，他援引1808年处理英军强占澳门事件成例，下令断绝对英商和澳门英商的柴米食物供应，撤其买办工人。并于同日和邓廷桢从广州出发，亲自驻扎香山（今中山）县城，勒令分布各处要口，实行戒严。

林则徐在香山县城丰山书院寓所接到蒋立昂抄来义律所谓"审讯"结果的通知，内称："远职遵国主之明谕，不准交罪犯者，按照本国之律例，加意彻底细查情由，秉公审办。倘若查出实在死罪之凶犯，亦拟

林
则
徐

诛死。现今远职谨报诚言，该犯罪不发觉"。

林则徐当即蔑然一笑，然后根据中外律例，理直气壮地宣布义律的"审讯"为非法，严正地指出："查该国向有定例，如赴何国贸易，即照何国法度，其例甚为明白。在别国尚当依该处法度，况天朝乎？……犯罪若在伊国地方，自听伊国办理，而在天朝地方，岂得不交官宪审办？……倘以后英夷殴死英夷，或他国殴死英夷，抑或华民殴死英夷，试问义律将要凶手抵命耶？抑亦可以不抵耶？"况且，"明明查有凶夷，私押在船"，这只能说明义律"始终庇匿罪人，即与罪人同罪"……

林则徐和邓廷桢再次谕令义律速即改悔，交出凶手。

但是，义律接到林、邓的谕令，却"挨延多日，绝不禀复"。蒋立昂派引水往催，义律竟然将引水横加斥骂。

此时，林则徐接到沿海各地送来的情报和《澳门新闻纸》提供的动态得知，义律竟然公开"宣言于众，更要大卖鸦片"，"且又分遣三板东驶西奔，凡潮州、南澳、高廉、雷琼，该夷船所不应到之地，无不窜往。每以劈柴作为招牌，明写鸦片一个，洋银几元字样，于潮长时随流送入各口内，诱人售买。遇有兵船驱逐，胆敢先放枪炮，恐吓抵拒。又兵船拿获汉奸，该夷胆敢将官兵诓去，掳禁夷船，勒令释放汉奸"，更是怒不可遏。21日，他写信给怡良说："严批饬令交凶，至今数日，尚未禀复，姑候一二日，若再不来，难免竟下辣手耳。"

不过，他也清楚，断绝接济的措施已给英商很大的压力，连日"自澳移家登舟者十余户"，"义律将眷口安置尖沙咀得忌利士船上，单身仍回澳门，照料前所驱逐之奸夷马地臣等下船，谅伊亦仍赴尖沙咀"。

义律决心退到海上，等候本国政府训令和援兵，采取战争行动，对林则徐的谕令不加理会。当天，蒋立昂专遣引水邓成兆把林则徐的谕令送往义律寓所，义律还是闭门不见。23日，义律退出澳门前往尖沙咀，引水邓成兆赶到船上送交谕令，义律仍坚拒不收。

林则徐对蒋立昂坚定地说："我们决不能因英夷之抗拒，而废天朝之法律！"

蒋立昂为难道："其不接钦差谕令，更不从口谕，再三相抗，奈何？"

林则徐严肃地说道："据查我大清朝对外贸易有关法令，其中便有'夷商销货后，不得在澳逗留'之规定，此时即可施行之！"

蒋立昂问："林大人以为如何施行为好？"

林则徐道："我将即刻奏请圣上，宣告英商，其既不进口贸易，是不销货，即不当再住澳门，应与奉逐各奸夷一体同视，均照例不准羁留于此，逐其退出澳境。"

蒋立昂面有难色："奏批往返，需若干时日……"

林则徐道："圣上与我便宜行事之权，我可即刻便发一谕令，逐其离去！"

发出给义律的谕令后，为使驱逐英船不至影响其他外国商船的正常贸易，林则徐又立即晓谕在澳华民及西洋各国商人，郑重声明："以此举专为英夷违纪，不得不制以威，与别国均无干涉，毋庸惊扰。"

澳门葡萄牙当局执行林则徐的谕令，宣布驱逐英商出境。

事有凑巧，就在这时候，从澳门退出的英船"不腊克久"号，在驶经大屿西南角途中遭到三只中国海盗船的劫掠，船上水手和乘客八人下落不明，仅一名水手被刘去左耳生还。在澳英商顿时惶恐不安，开会议决立即离澳。26日，留澳英商及家属全部乘船退出，寄住尖沙咀货船和潭仔洋空趸船上。

林则徐一面采取必要的自卫措施，逼使英国侵略者"一切属守法度"，决定和邓廷桢或分或合，往来香山、虎门之间，酌商调度；一面争取澳门葡萄牙当局和外商（包括从事正当贸易的英商），孤立顽抗的义律和英国鸦片贩子。他在呈递的一份奏折中，词语严谨地指出："夷人习为虚骄……宽固可以弭衅，宽而失之纵弛，则贻害转足养痈；严似易于启衅，严而范我弛驱，以小惩即可大戒。"因此，不能因怕"轻启边衅"而示以软弱。勒令英国侵略者具结交凶，是"永杜鸦片之害"的"吃紧机关"。

他在奏折中还一再明晰剖陈说："臣等前于收缴烟土册时，逐箱检出夷票，交英商译出汉文，始知其按年按月计箱编号，竟月（一月）之内装至一万二千数百箱者。是牵算夷地一年所发，不下十余万箱。虽其售于他国者亦在此数之内，而中国总居大半。若源源再至，贻害何穷！此时绝续关头，间不容发，假使新烟不缴完，须遵照新例实办一二夷人，方足以示惩创。况命案抵偿，华夷通例，乃敢宣言于众，以为英国不能与他国相同。……值此除恶务尽之际，臣林则徐何敢忌存趋避，粉饰目前？"

他还认为，摈弃抗法者，接纳奉法者，在外交上有明显的好处。美国人进口贸易，澳门葡萄牙当局遵守法度，给予区别对待，不但使义律在各国商人面前输了理，对在华英商也会发生分化的作用。英国人"性奢而贪，不务本富，专以贸易求赢"，"故贸易者，彼国之所以为命，而中国码头，又彼国贸易者之所以为命"，"彼贸易断断不肯歇手，众夷正不得齐心，要令就我范围，似已确有把握"。

基于上述种种策略上的考虑，林则徐和邓廷桢于25日从香山发出告示，再次重申具结贸易的原则，要求一切未带鸦片的外国商船进口贸易，不得逗留洋面；一切夹带鸦片的外国商船应即遵令呈缴鸦片，可免议处，鸦片缴清，亦准进口贸易；不愿进口的应立即驶回，并不予追究；杀人凶手应立即交出。

这时，林则徐探闻一只英舰正向广东开来，他虽尚不知真假如何，但为了防止意外之患，下令海口内河各处设防，由关天培亲自坐阵沙角，督领本标师船与调到阳江、碣石两镇舟师，积极进行分合操练，并加派弁兵，协防排链，添雇水勇，装配火船，以备随时调遣。怡良坐镇广州，也派兵分防二沙尾、大王沼等处，并办木排堵截。

林则徐、邓廷桢在香山观看了子母炮和抬炮的演习。

林则徐看完演习后，心情抑郁地对邓廷桢说："粤营以水师为最优，然其岁入得自朝廷粮饷者仅百之一，而得自烟土规银者却达百之九十九，禁绝烟土，则去其得项百之九十九，仍欲令其出力拒英夷，此仍实际不可能实现者矣……"

邓廷桢也感叹道："虽经半年多严加整训，奈何罚不及众，积重难返，难保不复萌故伎，再思放烟土进入，以图规银，何有巡御之心，抗击之力也。"

林则徐思考之后，说道："水师之积弊恶习，必再厉行整饬，务不可姑容！而沿海陆屿之人民，正敌忾同仇，一心御侮，此在禁烟事务中皆已尽显矣。我等此时必重借民众之威力，信民心，用民力，必可保海防安然无虞也！"

一经商定发动沿海民众、全力抗英的策略，林则徐和邓廷桢就立即发出告示，号召沿海人民：群相集议，购置器械，聚合丁壮，以便自卫。如英人上岸滋事，准许开枪阻止，勒令退回，或立即将其俘虏。英人上岸觅井汲水，应加拦阻，不许其饮用。但英人并未上岸，不得擅自登舟，驶近英船，徒生枝节。在另一告示中，还宣布禁止为英船引水（当向导），违者拿获正法。广州附近南海、番禺、顺德等地，本有社学的组织，在林则徐的号召下，社学中的爱国士绅立即召集义勇，组织团练，投入抗英御敌斗争。香港居民也奋起响应，四处张贴写有诸如"井内有毒"之类的揭帖，警告上岸取水的英国侵略者。

林则徐见各路大军云集，巡防周密，各地民气激昂，戒备森严，深为鼓舞，激动地说："察看民情，所有沿海村庄，不但正人端士衔恨刺骨，即渔舟村店，亦俱恨其强梁，必能自保身家，团练抵御。"

9月1日，"窝拉疑"号和新来货船四只，驶至尖沙咀，与聚泊在那里的三十余艘英船会合。九龙湾巡洋船按照林则徐的命令，严格查禁食物接济，密切注视着英舰的动静。

军舰"窝拉疑"号的来到，助长了义律破坏禁烟运动的嚣张气焰。在此之前，义律苦于"拉茵"号的离开，失去武力的后盾，只好从聚泊尖沙咀的货船中挑出得忌喇士等和几条空趸，改装兵船，凑集炮械，因力量不足，尚不敢贸然下手。这时，他感到条件成熟，立即赶到澳门向葡萄牙总督委黎多游说，表示只要同意让英船回到澳门居住，他可以保护澳门，企图以澳门为依托，作为武力对抗中国禁烟运动的据点，委黎多害怕卷入中英冲突，损害本国的商业利益，更害怕义律恃仗武力，赖着不走，甚至取而代之，当即拒绝了义律的要求。

9月2日，林则徐、邓廷桢按照原定计划，一早就从香山县城出发，前往澳门巡视。当晚驻扎前山，便得到英舰开到尖沙咀的消息。3日，他们从前山南行，经过花峰下的长堤莲花茎，抵关闸，入澳门，在望厦村的新庙里接见了澳门葡萄牙总督，"申明禁令，谕以安分守法，不许囤贮禁物，不许狗庇奸夷"，争取到与英国侵略者有矛盾的澳门葡萄牙当局宣布中立。接着，又从三巴门进入澳门市区访问，沿途澳门人民扶老携幼，夹道欢呼，热烈支持林则徐反抗英国侵略者的正义行动。宾汉在《英军在华作战记》中描述这天澳门的盛况时说："中国的居民，早已树起几个牌坊，饰以彩球与对联，充满赞扬的词句。当大轿到达各家的门前时，他们搬出桌案，上边摆着花瓶，以表示对于禁烟大臣的谢意。"

巡视澳门后，林则徐和邓廷桢当天返回，途中遇暴雨，留宿雍陌，次日至香山县城，即登舟前往虎门。6日凌晨，抵达虎门镇口。这天上午，林则徐、邓廷桢和关天培三人，正在镇口游击署中筹议海防，突然接到大鹏营递来九龙海战的战报。

原来，义律图占澳门与中国对抗的阴谋失败后，决心以九龙巡防水师查禁接济为题挑起冲突，摆脱尖沙咀英船食物用水困难的窘境。

9月4日上午九时，义律、士密等乘坐"路易莎"号，带着几只武装快艇从香港出发，开到我九龙山炮台附近海面，假装要求供应食物，向在该处防护炮台、查禁接济的大鹏营三只师船寻衅。大鹏营参将赖恩爵根据林则徐的谕令，申明在不具结交凶的情况下不能接济食物的理由。义律以巡洋水师没收的食物，是英国人购买并且付了款为词，大耍无赖，对自己抗拒具结交凶却一句不提。赖恩爵理所当然地拒绝了义律的要求。义律恼羞成怒，于下午二时，派上小船一只，拢上师船，递交一份"抗议书"，声称半小时之后不供给食物，他就要击沉水师战船。半小时后，赖恩爵正派遣弁兵前往答复之际，义律竟下令开炮轰击师船，当场击毙兵丁欧仕乾。英国侵略者的暴行激起水师将士的强烈愤慨，赖恩爵立即挥令各船和九龙山炮台反击。师船兵丁很快将大炮搬到面对英船的船舷上，展开了猛烈的轰击，并且打得相当准。九龙炮台也猛烈开火，集中打击义律乘坐的"路易莎"号的主帆，轰得它在漩涡中滚转，艇上英兵纷纷落水。"路易莎"号上一个叫亚当·艾姆斯里的英国侵略者后来写道："我们在偏舷上的辰光是不快活的"，如果不是中国船的炮火不够充足，"就不会有人生还来叙述这幕历史了"。

激战进行了两个半小时，英船败退，师船奋勇追击。下午五时，英舰"窝拉疑"号、武装鸦片走私船"威廉要塞"号等赶来援助，拦截师船于鲤鱼门，炮弹蜂集，我兵用网纱等物设法闪避，一面奋力对击。一发炮弹击中"路易莎"号上的防雨布，英艇上的士兵都被吓得说不出话来，抱头鼠窜，到处乱钻。得忌喇士率十六名水手划船偷袭一只师船的船尾，师船将弁用火绳枪英勇反击，击毙多人，得忌喇士手腕也被打穿。六时半，英船向尖沙咀方向逃去。这次战斗，水师官兵顽强拒敌，终以阵亡二人、重伤二人、轻伤四人的微小损失，取得反击的胜利。

九龙海上的隆隆炮声，给林则徐的思想以巨大的震动。他内心里本来还抱有的那一丝英军不会轻启边衅的希望，还认为义律的抗拒具结、匿不交凶虽然是"实出情理之外"的狂悖妄为，但"断非该国王令其如此"。只要施加一些压力，一定会像围商馆勒令缴烟时那样幡然醒悟。他下令驱逐英商出澳后，曾对邓廷桢说"惟倔强之性未尝稍受折磨，此番控驭周防，尚不免稍需时日"，对义律的悔悟抱有信心。可是几天过去了，义律毫无改悔迹象，他开始对自己的信念产生了怀疑。在9月5日赴虎门途中，于石壁写给怡良的一封信里，他自问道："然替义律设想，总无出路，不知因何尚不回头？"义律居然动武，他一时的确是百思而不得其解。

接连几天，林则徐和邓廷桢、关天培等人频繁往来于镇口、沙角，共商对策，决定邓廷桢先回广州，林则徐留下"察看该夷动静，以筹操纵机宜"。13日，林则徐在虎门观看水军列阵操练演习。水师官兵"均恨奸夷先来寻衅"，抗敌士气十分高昂，演习场面威武动人，林则徐深受感动。

为了做长期斗争的打算，林则徐的眷属和行辕办事人员也于这一天全部移住虎门。

正当林则徐静观义律动向，潜心思索对策之时，16日，忽然接到澳门厅禀报义律恳求澳门葡萄牙总督代为"乞诚"的消息。

林则徐问关天培："关将军以为，义律真是屈服了？"

关天培分析说："九龙海战一败，其锋芒大挫，若将夷之与我势力相权衡，做聪明思量，其亦应屈服矣。"

林则徐做了一阵思考后，说："如此说来，义律此次的诚意不由不相信。然，义律又曾多次伪作输诚，自谓'办事认真'，而竟至今仍在潜卖鸦片，庇匿凶夷；自谓'岂有别心'，而又以索食为名，先行开炮……若其又貌似知悔罪输诚，然实为仅托诸空言，尚未见于实事，做此论断，为时似为尚早也。"

关天培同意林则徐的分析，又说："英夷狂言张势，欺弱畏强，即为其本性也。若其见于劣势之下，又生诡变，暂作缓兵之计，别生谲诈之谋，亦为可能。"

林则徐说："如是，其此时之言，我等又安可遽信？"

关天培说："我等可先作静观状，暗中做必要之准备，如何？"

林则徐说道："如是，可也。"

抱着这种半信半疑的态度，林则徐开始面对着的是，一方面准备和英国侵略者进行谈判桌上的斗争，一方面抓紧防御英军再次入侵的准备。

正如林则徐和关天培分析的那样，义律乞求和平，实际上是个阴谋。九龙海战之后，中国水师的巡缉更严了，尖沙咀英船的食物供应非但未能解决，而且越发困难了。抗拒具结、交凶、缴烟，货物卖不出去，广东天气炎热，英国各船中所存积的货物，如洋米、洋布、棉花等等，难免潮湿霉烂，所有的英商都已经抱怨连天，一些不做鸦片生意的合法商人竟和鸦片商们多次发生冲突。加上美国商人抓住义律禁止英船进口贸易的机会，独占贸易利益，更不能不使英国商人格外眼红。虽然美商也代为英商买卖货物，但从澳门到广州间的短途运输，要索的水脚费几乎相当于从伦敦到广州的运费，唯利是图的本性，又不由他们不心痛如绞。偏偏在这种时候，英船"沙也基"号船主失踪，他们怀疑恐怕已被中国扣留作为交凶的人质了。9月12日夜里，一只在潭仔洋面潜卖鸦片的趸船，被守备黄琼带领的水师兵勇所焚毁。他们更是惶恐不安，和鸦片走私商们的矛盾越来越大了。17日，"士林加沙尔"号英商比地里，因4月11日从孟买装载棉花抵达澳门洋面至今，不能进口贸易，竟亏折许多资本，不得不避开义律向林则徐申请具结进口贸易。义律为了稳住阵脚，准备采取封锁广州海口、断绝中外贸易的措施来摆脱困境，但由于美商的抗议而不得不取消。黔驴技穷，义律眼看坚持对抗捞不到好处，只好佯谈和平论调，妄想取得喘息的机会，尽快卖掉那些潮湿霉烂的货物，调和内部合法商人和鸦片走私商人之间的矛盾。

林则徐札令澳门同知蒋立昂通知义律，表示可以在缴烟、交凶、驱逐烟贩和蔦船的前提条件下达成和平解决。

蒋立昂向林则徐请示谈判要点。林则徐着重指出："缴烟，交凶，驱逐烟贩和蔦船，乃系认定义律果否真心诚服向化之标志。"

蒋立昂问："若其同意缴烟，驱逐烟贩，而仍言行凶之人尚未查出，可否容之？"

林则徐坚决地说："不可容之。交凶更关天朝国法，在一人漏网之事犹小，而外夷坏法之罪难容。"

蒋立昂说："钦差所限三条，恐其难受也。"

林则徐立即说道："若此三条其有一条不应，其便是假意输诚，可不与再谈。若此三条，其均愿遵办，即是真心输诚，其聚泊尖沙咀的英船即刻允许进口贸易。"

蒋立昂突然问道："设若义律托言此三条，须待禀其国主后再作答复，如何应对？"

林则徐不假思索地回答道："即便果需等待其国主回复，亦应将何时才能接到，先行报告于我，以便商讨可否通融办理。若其迟延不作回复，即当统率水陆兵勇，声罪致讨。"

林则徐基于义律反复抗拒的教训，对他的诚意已经不抱太多希望，决定于在明有范围的同时，更要做到暗有把握。他对关天培说："是此时，必当临以重兵，森严以待，直使该夷计穷心慑，再无反复之余地。"

这时正好邓廷桢再次来到广州，林则徐和关天培便会同邓廷桢一起，就沿海一带山势、海域形势、炮台、兵船配备等，逐一进行了详细研究，之后，林则徐命令关天培："着即整肃军威，蓄养精锐，严防静镇，密为布置，将柴草火药装配各船，拟将带烟不缴之船，尽予烧毁，以除其害。"

之后，林则徐和邓廷桢同舟到沙角，在关天培的舟中查点近日以来调集的兵勇各船册籍，十分满意。

这天正好是9月22日，旧历的八月十五中秋节，八十余艘兵船、火船前后排列，军威雄壮。邓廷桢清兴大发，邀林则徐、关天培同登沙角炮台饮酒赏月。天色朦胧，清冽的晚风吹散了秋暑的热气。月亮出来了，三人同登峰巅，林则徐边观赏边乘兴随口吟出一些诗句："穴底龙眠，沙头鸥静，镜奁开出云际，万里晴同……"祖国的山河是这样的壮丽，在备战拒敌的余暇，正值千古诗人赞赏不绝的凉天佳月，林则徐对邓廷桢和关天培说："如此凉天佳月，极应'举杯邀月与月酬'也。"

邓廷桢本也是好诗善词的儒雅之士，便兴奋道："甚是应有好诗之景！你我不妨对吟联唱！"

林则徐将拿起的酒杯放下，说道："实是当有好诗之情境。然值此两军对峙之关节，纵有美景与佳肴，却无赏景之情、吟诗之兴矣。况战事不测于某时即可发生，我等官将于此时于军中欢宴，岂非视战事如儿戏耳？"

诗兴已起的邓廷桢听后，不由得肃静了脸色，良久说道："面此天然美景，怀忧目下战事，翻李太白诗而言之，直乃是'眼前有景吟不出，夷祸烟患在心头'也！"

于是，两人不得不克制着自己的激情，在良辰美景中，和关天培一起指点着河山海屿、炮台战船，反复考商应敌机谋。是夜，林则徐终于压抑不住自己保卫祖国大好河山的壮烈情怀，挥笔写下了《中秋懈筠尚书招余及关滋圃军门（天培）饮沙角炮台眺月有作》诗一首，其中豪壮

地写道:

> 楼船将军肃钤律,云台主帅精运筹。
>
> 大宣皇威震四裔,彼伏其罪吾乃柔。
>
> 军中欢宴岂儿戏,此际正复参机谋。
>
> 行酒东台对落日,犹如火伞张郁攸。

当林则徐、邓廷桢在明月下乘着汹涌的夜潮返抵镇口时,从澳门送到蒋立昂钞寄有义律来信。义律在信中说:"本领事极欲遵圣旨,将违禁之鸦片全行绝除,自应即赴澳门叙论,以凭贵宪禀复。"

关天培兴奋地对林则徐和邓廷桢说:"此必是义律心机用绝,乞诚尤切矣。"

林则徐却说:"该夷此言虽尚诚切,然并非定为绝望而乞诚也。我等尚须防范一切,不可稍有松心。"

邓廷桢说:"可先会之,再观动静无妨。"

林则徐道:"就依懈翁(邓廷桢字懈筠)所言行事!"

9月24日,义律的确走到谈判桌旁。他在澳门葡督委黎多的陪同下,和蒋立昂开始第一轮谈判。从6月初拒绝谈判至今,四个多月过去了,义律除了使林则徐命令英商具结的措施未臻实效之外,捞不到什么商业上的好处。现在,他企图通过谈判去捞到它。这一天,义律态度温和、情词恭谨地向蒋立昂表示"前因冒犯严威,叠奉谕饬,业已悔悟",并且把他对谈判前提的书面答复,交给蒋立昂。这份书面答复,表面上同意林则徐提出的三大条件,而实际上却是进行抵赖和狡辩。就说缴烟吧,义律并不反对,可是现泊尖沙咀的英船并无一两鸦片,可以会同搜验;具结嘛,他也不反对,只要不具"人即正法"的话。交凶罢,他说无法查清杀人凶手,因为在场的还有美船水手,以后如查出,一定照本国律例，定以死罪，并恭请官宪在场看视；至于驱逐烟贩、趸船呢，过几天就可令其开行，只是三开地臣和轩拿厘二人，"皆未贩卖鸦片，望可姑容留居"。进口贸易吧，国内的训令要到旧历年底才能批回，目前不能准船进埔。更有甚者，他要求"公议立法，嗣后互为查察案件，俾得天朝法例及本国章程，各得相全"，妄图利用谈判，换取英国政府梦寐以求的领事裁判权。这分明是以退为进，以守为攻，哪有丝毫诚意可言！

林则徐对于义律求和条件的答复，当然不满意。他和邓廷桢逐条加以研究，一一做了批示。他指出：所谓尖沙咀英船并无一两鸦片，不但情理难言，而且有确凿的凭据。9月5日，中国烟贩欧亚猪、彭亚开等就在额顺船上买了公班烟土，这两个烟贩已经落网了。义律提出会同搜验，可以同意，果然不夹带鸦片，正经贸易的货物自当公平保护，并量予通融，不使各货主耽延受累。澳门永不许进货，英船必须具结进黄埔贸易。至于具结，结内应写明"如有夹带鸦片，人即正法，船货全行人官"字样。殴毙林维喜的凶手，允准给予十日限期，查出送官审办。被驱逐的英国烟贩，允准义律所请，回澳收拾行李，6日内离开。但其他英商不得混入，等以后公布日期，再准搬回澳门长住。并要求引渡逃到英船上的汉奸周亚全、陈亚有、黄亚八、黄车叶、罗老本等人。

为了促使义律作出圆满答复，林则徐于11月1日批准"士林加沙尔"号英商比地里具结进埔的申请，并颁布具结文件的样式如下：

　　具切结英吉利国货船主　夷商：率伙计及雇佣人等，今赴天朝大宪台前，结得本船装载——等货来广贸易，懔遵钦定新例，不敢夹带鸦片。倘查出本船有一两鸦片，愿将夹带之犯，听凭天朝官宪即行正法，船货全行没官。若查无夹带鸦片，应求恩准照常进埔贸易。良歹分明，情甘帖服。所具切结是实。

道光　年　月　日

具切结英夷船主：

夷商：

双方谈判的焦点问题被林则徐一一指出，并要求义律必须接受：一是必须具结；二是必须交凶。

在等候义律答复的间歇，林则徐终于得有空闲，赶紧为友人书写扇面。林则徐酷爱书法，早年就写得一手平整峻拔的大小欧体字。仕官以后，他鉴赏磨练，融会发挥，在书法上自成独特的风格，墨翰为世人所重。由于禁烟抗英斗争的紧张，他没有时间为此多花笔墨，因此欠了友人一大笔债。此时，他记起了这件事，从早到晚，一口气书了二十柄扇。

写诗是他的另一爱好。同样，对敌斗争的激烈，不容得他多写。沙角中秋赏月，他诗情汹涌，遗憾的是，他还未曾提笔，就被义律乞和的事吸引过去了。直到这时，他才重新构思补写，于3日和4日连续填了月华清一首和作七古长诗一章。七古长诗倾吐他禁烟到底的壮怀：

森森寒芒动星斗，光射龙穴龙为愁。

蛮烟一扫海如镜，清气长此留炎州！

今年此夕销百忧，明年此夕相对不？

留诗准备别后忆，事定吾欲归田畴。

诗中隐隐约约地流露了对背后多方掣肘的反禁烟派官僚的强烈不满。

林则徐两度长期驻扎虎门，和长年惨淡经营、竭力筹海的关天培，建立了深厚的友谊。在关天培母亲九十生辰的前夕，他为此题瑞菊延龄

图一诗：

> 一品斑衣捧寿卮，九旬慈母六旬儿。
>
> 功高靖海长城倚，心切循陔老圃知。
>
> 裹露英含堂北树，傲霜花艳岭南枝。

林则徐赞颂关天培是"功高靖海长城倚""傲霜花艳岭南枝"。这不是平凡的祝寿诗，而是对镇守祖国南大门、抵御英寇入侵的爱国将士的讴歌。

几天很快就过去了。10月8日，林则徐收到义律5日作出的答复。在这份复文中，义律理屈词穷，一味抵赖。他装聋作哑，说除了缴烟声明过的甘结式样以外，"并未闻知另有结稿"，即从来没有听说过要具"人即正法"四个字。义律当然不会健忘，林则徐在3月18日的第一次谕令中，就毫不含糊地宣布过这个要求。义律诡称不知，完全是无赖行为。在交凶问题上，他又是另一副面孔，干脆来个不辩不争，表面上说自当"随时紧严查察"，骨子里是置而不究，拖延了事。至于驱逐烟贩、趸船，他既恳求又解释，无非免逐三开地臣、轩拿厘两人，趸船有几只已卖给美商或正在拍卖，开行的日期还得延缓几天。林则徐要缉拿汉奸，他辩解说不知道有这么回事，即使有，听到要抓，也早逃走了。总之，绕了那么大的圈子，到头来还是回到起点上。

林则徐为了打破僵局，促成谈判重开，决定在具体问题上做些通融。关于具结，义律不愿具结只愿搜检，林则徐让了一步，答应可将具结与搜查二事合二为一。情愿遵式具结者，准予照常贸易，不必搜查；不愿具结者，应赴沙角接受搜检，果无鸦片，仍准贸易。若不遵式具结，又不肯接受搜查，限三日内回国，否则，定即驾驶火船，烧灭除害。但以后来船，不以为例，不论此次曾否出结，曾否搜查，均须照式出结。来粤一次，必具一次结，若不愿具结，或结不如式，万万不准贸易。至于交凶，允许再展限十天。驱逐烟贩、趸船一节，轩拿厘一人念情暂免驱逐，已卖或正在拍卖的趸船可不算在驱逐之列。为了避免义律推托延误，并利用英国合法商人和鸦片贩子之间的矛盾，打乱义律的阵脚，他又将具结与搜查合而为一的新办法撰成告示，书写在特制的高脚木牌上，交大鹏营官兵负责带到尖沙咀一带，分段竖插，让聚泊尖沙咀英船上的英国人，共见共闻。在告示中，林、邓再次表示断绝鸦片百折不回的坚决态度，说："本大臣、本部堂千言万语，无非必要断绝鸦片，若鸦片一日不断，即一日不肯歇手。此次尔等贩卖鸦片之念，直须永远断去。倘敢再图走私，定按新例正法，悔之何及。"

林则徐和邓廷桢又于9日命令负责查禁尖沙咀英船接济的大鹏营参将赖恩爵、新安县知县梁星源："会督水陆兵勇，时刻严防。倘该夷假意恳求，暗图窥伺，即须制其死命，不可稍失机宜"，并要他们："查明义律何时赴澳、空趸何时开行、凶犯何时交出、英船拟何日进口等事，禀复察守。"

接着，林则徐、邓廷桢和关天培亲赴虎门各炮台检查战备，接着，同登沙角炮台，会阅每年秋天都要举行一次的水操。首先演习战船攻守操练，次演水兵泅水阵式。专管排链的弁兵，也表演了排链启闭之法。林则徐看到水师整顿后的新面貌，为"将弁谙于将令，士卒习于波涛"而大感满意。

第二天，林则徐、邓廷桢会札广州府，向美国领事士那追查有无购买英国趸船，作何使用？命令美国来船今后不得再停泊尖沙咀，并严厉指出：

若因英夷货船被义律遏阻不准进口，该米（美）夷私行代运，尚在情理之中。倘竟代送鸦片，则天朝新例，要将夹带之犯即行正法，船货全行没官，该国夷商均有身家性命，速宜自为保卫，何必暗与英夷勾结。且英夷聚泊尖沙咀之船，如再查有偷卖鸦片，即令师船带领火船前往烧焚，若米（美）国夷船不知避开，势必玉石俱焚，后悔无及……若再玩违，是甘与英夷各船，同归一炬，该夷自取戮辱……

这些措施，起了分化英国合法商人和鸦片贩子的作用。林则徐和邓廷桢告示在尖沙咀公布之后，英船"担麻士葛"号首先表示愿意具结进口贸易。这一举动使形势大大有利于中国方面，逼使义律再次回到谈判桌旁。13日，义律表示："此次所谕各事，远职已洞晓，似不难循照，即行善妥办明"，并提议15日重开澳门谈判。

林则徐决定派余保纯带洋商伍绍荣、卢继光赴澳门，会同蒋立昂与义律谈判。在致怡良的一封信中，他谈到同意重开澳门谈判时的心情，说："义律递到复禀，据称'所谕各事已皆洞晓，似不难循照即行妥办'等语，说得如此之顺且易，不知究能免予反复否？"

余保纯等从虎门出发赴澳门。英船"担麻士葛"号也于同日具结后直进黄埔贸易。

林则徐得知这一消息，十分兴奋，认为"此诚能壮中国之声威，而破义律之诡谲"，下令对该船特别优待。他听说"担麻士葛"号船主湾喇"复作信与尖沙咀诸船，不用候义律分付，速即照伊一体行事"时，他想象英国合法商人会群起响应，"谅从之者如归市，搜检之说或可不烦矣。"16日，他得知义律已到澳门，更是乐观地估计说："此次谅必不敢反复，即凶手亦不致落空也"。

然而，义律仍旧是玩弄花招。重开谈判以来，他坚持不愿具结只愿听候搜查。虽有已具结进口的"担麻士葛"号英商丹牙厘从旁劝说，义律毫不松口。谈判会议进行了三天，毫无进展。到了20日，余保纯等曲解林则徐"具结与搜查合而为一"的方针，置三个前提条件于脑后，向义律妥协，达成了在沙角搜检英船的协议。

23日，林则徐接到余保纯等的报告，十分愤怒。在此之前，他已接获情报，尖沙咀海面的鸦片走私船纷纷驶离，西路广海报有发现英船四只，东路平海也报窜入英船三只，显系逃避搜检，继续贩卖鸦片。这样，搜检已完全失去原有的意义。特别使他气愤的是，原来"义律请具之结，已云带鸦片者船货没官，只少人即正法字样，而这次余保纯等非但不能令其遵式具结，甚至将义律已经禀明船货没官一语，几欲听其吹散"，而紧要的命案正凶，又"竟置之不问"。即使退一步，答应搜检，也得谈判议定具体步骤和办法，不容含混，且要"先截住花旗（美国），不许代运"，才有实效。这些原则的办法都先逐层指示过，余保纯等竟置若罔闻，大出他之所料。他后悔平日把余保纯等看成晓事之员，委以重任，以至于此！

余保纯等人妥协的后果十分严重，尖沙咀英船上的商人、家眷纷纷回澳，把林则徐苦心布置的拒英大局破坏了。林则徐日夜批令答复，采取补救措施，命令所有英船在三天内或遵式具结候查，或回国，不许徘徊观望，义律扣押的五名凶手，立即交出送审。他表示："誓为天朝断此祸根，万不肯使夷船鸦片再留萌蘖。"同时责令余保纯等："共体此心，力图挽救。"

26日，美商买英国已空趸船载棉花来到龙穴，林则徐立即咨会关天培派人到船办理具结。美商遵式具结进口。林则徐严斥余保纯等竟敢代六艘英船请照候查，指出："委员以销差为亟！如不能谕令照式出结，则三者皆不得行。"

义律在谈判桌上捞到便宜，暂时摆脱受困的窘境，气焰甚嚣尘上，竟纠约英商数人到澳门开会，抗拒具结，并在26日通知余保纯等人，无法查出殴毙林维喜的凶手，与案件有关的五名凶犯，已经审拟坐囚罚银、解回本国。

27日，林则徐针对义律的种种违抗，再次谕令具结、交凶、查拿汉奸，宣布：所有到澳门不愿具结之夷商，应俱不准贸易，勒令英商退出澳门，交出凶手、烟贩和汉奸，如再违抗，即派令师船赴尖沙咀围拿。他为此进行了妥密的布置，饬令在关闸等处加派重兵驻扎，责令余保纯等不得轻信英夷恫吓之词，迟疑观望，失机误事。他表示坚持具结措施的决心说："若本大臣不能令其出结，竟听贸易，则直夷人之不如，不敢再言国事。所有在事印委人员，愿与本大臣同心，则此后定以取结为事，不结不已。如其知难而退，则亦听之。"在写给怡良的一封信中，他还说："前日澳中之议，众人未思及盘验之难，谬谓即可了事，擅自允许，以致夷眷纷纷回澳，殊属大失机宜。尚喜已请澳照之花旗（美国）买受喇堤一船，昨已在沙角照式具结，与前次弯喇之船，俱可作为榜样。以后不具结者总不许其贸易，彼亦无可如何也。"

林则徐得到义律宣布将杀人凶手解回本国的通知和洋商劝导英商具结经过的报告后，立即决定驱逐英商回国，不但不准其逗留澳门，也不准聚泊尖沙咀；动兵围拿杀人凶手，不日商明进发。他怒斥洋商在澳门谈判中，和义律的全然抹煞正意、专辟旁门相呼应，专举告示中间"格外通融"一段，名为"劝导"，实是"故借夷人之口，反唇相讥，岂本大臣于此等狡狯笔墨，尚看不出耶"，难道不是"善用曲笔，甘为恶直丑正、长奸纵恶之言"！

林则徐采取的紧急补救措施，使义律眼看捞到手的便宜又落了空。图穷匕首见。义律终于把刺刀提到日程上来。28日，义律接到林则徐27日的谕令。立即拜会英国海军驻华司令官士密，恳求他"即行采取您认为最好的步骤，以防止英国的船只落到中国政府手中"。士密心领神会，当天便率领英舰"窝拉疑"号和续到的"海阿新"号起碇驶离澳门，向虎门进发。

艰苦抗战

林则徐禁烟的消息传到伦敦印度事务所。印度英商和逃离中国的鸦片贩子也把这一消息传到伦敦。义律从澳门写给帕麦斯顿的报告和林则徐谕令各国商人缴烟的文件，也送达英国外交部。在鸦片诱人的利润召唤下，那些和鸦片贸易有关的下院议员、银行家、进出口商人、鸦片走私船船长等，以伦敦"印度和中国协会"为据点，串联起来并且致函英国外交部，要求谒见外交大臣帕麦斯顿。帕麦斯顿在接见他们时暗示：政府将要采取强硬行动，派出足量的海军，教中国感觉到英国强大海军的威胁。

帕麦斯顿对义律提出的用赔款的一部分换取在广州、宁波、厦门和南京十年通商权利的建议大感兴趣，整段画上了注意符号。与此同时，鸦片贩子们更在加紧幕后活动；那些在英国—印度—中国三角贸易体系中扮演主要角色的纺织工业资本家集团，也在为发动侵华战争进行着隐蔽而紧张的活动。曼彻斯特与对华贸易有关的工业资本家和商人39家也上书帕麦斯顿，请求英国政府对于中国方面，应予以迅速的，强有力的，明确的对策，利用这个机会，以将对华贸易置于安全的、巩固的、永久的基础之上。伦敦商人98家亦于同　天上书，要求政府表明意图，早日决定政策，还提醒说："若加拖延，深恐这项贸易落人别国商人之手"。10月1日，英国内阁会议做出决定：对三分之一的人类的主人作战……派遣一支舰队到中国海去，并训令印度总督对于他们兵船的司令所采取的任何必要行动予以合作。

帕麦斯顿根据鸦片贩子们描述的作战计划，发出第十五号训令，正式把英国政府发动侵华战争的决定通知义律，并说明了作战计划的纲要，即：远征军在1840年3月到达中国海面，立刻封锁广州与白河或北京诸河，封锁广州与白河之间认为适当的若干处所，占领舟山群岛中的一个岛，或厦门，或任何其他岛屿；立即开始捕捉并扣押能够弄到手的一切中国船只；海军司令应该进到白河河口，向北京政府送一封信，提出英国政府的要求，并把战争行动继续到清朝派遣全权官吏，答应英国的一切要求时为止……末了，强调说："和对华贸易有关的商人和制造家一致要求两件事情：第一，对中国人实行强有力的行动；第二，这样的行动延至本季商务结束的时候开始，那就是说延至明年3月。"11月4日，帕麦斯顿将1840年4月间发动侵华战争的计划通知了海军部，并发出第十号训令，指示义律尽量搜集军事情报，等待远征军的到来，必要时可以"先揍它（指清朝政府）一顿，然后再作解释"。16日，帕麦斯顿将向义律发出的第十五号秘密训令抄送内阁各大臣，并将查顿来信抄送给海军大臣。

11月3日中午，已于10月29日遵式具结的英国商船"皇家萨克逊"号，在中国引水的导航下，驶至穿鼻洋面，准备报关入口。士密等以武力横加阻挡，迫令折回。关天培正欲派员前往究查，士密竟下令"窝拉疑"号出其不意地炮击师船，炸毁火船一只。提标左营二号米艇，适被炮火击中火药舱，登时燃起，烧毙兵丁六名。关天培亲身挺立桅前，自拔腰刀，亟令本船弁兵开炮回击，并回令后船协力进攻。这时，"海阿新"号绕到"窝拉疑"号后边，猛烈炮击，集中围攻关天培乘坐的师船。炮弹飞过桅边，剥落桅木一片，从关天培手面擦过，皮破见红。关天培奋不顾身，仍复持刀屹立，指挥战斗。师船炮火击中"窝拉疑"号船头，将其头鼻打断，英兵纷纷滚跌入海。奏升水师提标左营游击麦廷章，又指挥弁兵，连轰两炮，击破"窝拉疑"号后楼。"窝拉疑"号一个英国侵略军军官描述说："水师提督的战船和其余几只船，据着原地，猛力对我方进攻，实在出乎我们的意料之外。从距离看来，中国的炮和火药是很好的，只不能自由地上升下降，炮弹太高，多无效果，只有少数落于船桅和索具之上。'窝拉疑'号船帆上中了几弹，'海阿新'号的船桅和索具，也中了炮弹。一个十二磅的炮弹，击中了'海阿新'号的船桅，又一弹击中了主要横帆，"双方激战一时许后，"窝拉疑"号帆斜旗落，且御且逃，"海阿新"号也跟着遁去。中国水师突遭偷袭，兵丁除烧毙六人外，还被英舰炮火击毙九人，师船下旁灰路多被炮火击开，内有三船渐见进水，官兵多有负伤。但由于官兵敌忾同仇，奋勇作战，克服了武器装备上的劣势，取得了战斗的最后胜利。

关天培返航回抵沙角后，立即把战况飞报林则徐。

接到穿鼻洋战报后，林则徐立即明白："此次士密等前来寻衅，固因前在九龙被击，意图报复，而实则由于义律与图卖鸦片之奸夷暗中指使"，"无非恃其船坚炮利，以悍济贪"。他预感到英国侵略者还会再来逞凶，立即传令严加防范。虽然此时，他接到道光帝批回的报告九龙海战情形的奏折，指示他"既有此番举动，若再示以柔弱，则大不可，朕不虑卿等孟浪，但诚卿等不可畏葸"云云，他冷静地分析中英双方力量对比，承认英军船利炮坚，而中国师船木料不坚，未便穷追远蹙，从而确定以守为战、积极防御的抗英战略，"坚垒固军，静以待之"，"扼其要害，务使可守可攻"。他特别指示驻防尖沙咀以北官涌山守军，固垒深沟，严密监视敌人的行动，准备相机剿办。

4日早饭后，林则徐从镇口亲临沙角，向关天培了解战斗经过，并查看被敌炮击损的船只，酌商修整；亲自看望慰问了受伤的弁兵。

"窝拉疑"号和"海阿新"号从穿鼻洋逃出后，驶回尖沙咀，停桡修理。英船脊背之上，官涌山守军，也在修筑工事。英国侵略者发现官涌山上形迹可疑，害怕遭受俯攻，屡次放出舢板，偷偷驶近山边，从沙滩上爬上坡来窥探虚实。驻扎该处的增城营参将等，派兵截拿，打伤英

兵二人，夺枪一杆，余众滚崖逃走。

当天夜里，尖沙咀英国武装商船一字列开，向官涌山营盘猛烈炮击。我军扎营得势，敌炮不能横穿，未受损失。官兵居高临下，发炮反击，把英船击退。四天后的8日，英船又发动进攻，大船一只从下面开炮，小船从旁乘潮扑岸，有百余人抢上山冈，开枪击伤兵丁两名。增城营把总刘明辉率兵下山截击，用大刀、木棍打伤敌人数十名，把他们赶下海去。9日，英船又想夺下官涌末的胡椒角，刚发炮试探，便被陆路提标后营游击德连指挥的守军用大炮、抬炮击退。

林则徐得知英国侵略者窥伺官涌的消息，和邓廷桢、关天培一起研究决定：添调官兵二百名，由马辰、周国英、黄者华带往增援；由关天培挑拨得力大炮六门，以资致远攻坚。又派余保纯等人驰往，会同新安县知县梁星源，管带乡勇前后策应。

经过四天的紧张调度，各路官兵齐集官涌，各将领认定山头，分兵五路扼守。新调来的六门大炮，也在官涌营盘安装起来。这天傍晚，英船发现官涌营盘安炮，当即赶装炮弹。到起更时，英船先下手为强，放炮攻击。我军五路大炮重叠发击，遥闻撞破船舱之声，不绝于耳。一两时后，英船灯火一时熄灭，弃阵逃命。第二天清晨，尖沙咀英船已逃走过半，留下的十余只也逃到远处抛锚，船上篷扇、桅樯、绳缆、杠具，狼藉不堪。海中还有一只双桅帆船，半浮半沉，摇摇欲坠。

曾在九龙寻衅的"剑桥"号和在尖沙咀村逞凶的"多利"号等十余只英国武装商船，于13日傍晚时分驶近官涌，伺机偷袭。我军发现后，即分起赶赴五路山梁，等到英船驶入射程之内，一齐开火。"多利"号连中两炮，仓皇遁去，其在旁探水的划船一只被击翻。其余英船见势不妙，争先撤退。

英船六次进攻官涌山均告失败。从此，只得各奔前程，四散在龙鼓、筲洲、长沙湾、赤沥角等处外洋寄泊。

林则徐接连收到官涌山反击战胜利的捷报，兴奋异常，在日记上先后写道："知初六夜官涌大获胜仗""知初八夜又大获胜仗"……

艰辛的斗争终于取得了胜利的成果，他的喜悦溢于言表，对关天培说：英船"始则抗违，继且狷獗，是驱逐由其自取，并非衅自我开"。并分析："此次剿办之余，于澳门既不能陆居，于尖沙又不能水处，苟知悔悟，尽许回头。若义律以士密等尚以报复为心，则坚垒固军，静以待之，亦自确有把握。"

紧接着，林则徐又向外国商人重申"以生死甘结为断……奉法者来之，抗法者去之"的区别对待方针，表示"即英国货船，亦不因其抗拒于前，而并阻其自新于后"。并立即传令：慰问遵式具结停泊黄埔的英国商船"担麻士葛"号人员，保护安全并倍加优待，又饬属查明被义律用武力截走的"皇家萨克逊"号的下落，保护和带往黄埔贸易。

林则徐准备尽速地把穿鼻、官涌战役的捷报和今后处置中外贸易办法的奏折写好之后，19日夜里接到的谕旨，不能不又令他心怀顿时恼郁。

道光帝的谕旨是批复的。在这道谕旨中，道光帝虽然同意了林则徐和邓廷桢驱逐英人出澳的奏报，但在此一赞许之中又藏有诸多责备之意。盲目自大的道光帝，于外情的虚实毫无了解，于对敌斗争的艰辛毫无体会，原以为林则徐一到广州，收缴了鸦片，便可大功告成，一劳永逸。几个月前，林则徐和邓廷桢表示要"雇募沿海之善泅者，多驾拖船，满载草薪，备带火器，分为数队，占住上风，漏夜乘流纵放"，火攻英国鸦片走私船只的奏报，曾经触痛了他的"恐夷"心理，而下过"务使奸夷闻风慑服，亦不至骤开边衅，方为妥善"的谕旨。接到九龙战报后，他为这一小胜大感扬眉吐气，竟忘乎所以，一反深恐启衅而持的容忍态度，在林则徐的奏报上批道："既有此番举动，若再示以柔弱，则大不可。朕不虑卿等孟浪，但诚卿等不可畏葸，先威后德，控制之良法也。相机悉心筹度，勉之！慎之！"又下谕旨说："我兵先后奋勇，大挫其锋，该夷等自必畏慑投诚，吁求免死。惟当此得势之后，断不可稍行畏葸，示以柔弱……着林则徐等相度机宜，悉心筹画，如果该夷等畏罪输诚，不妨先威后德。倘仍形桀骜，或佯为畏惧，而暗布戈矛，是该夷自外生成，有心寻衅，既已大张挞伐，何难再示兵威？林则徐等经朕谆谕，谅必计出万全，一劳永逸，断不致轻率偾事，亦不致畏葸无能也。"他想象即使开衅，也不过对付几只兵船，所以决计大张挞伐，再示兵威。没想到林、邓奏报与英人反复谈判不果，始驱逐英商出澳，近于畏葸了，故不耐烦地说："林则徐已放两江总督，现虽专办此事，岂能常川在粤？即邓廷桢统辖两省，公务繁多，亦不免顾此失彼！"还训示方略说："日后再有反复，即当示以兵威，断绝大黄茶叶，永远不准贸易。"

林则徐被道光帝的这一道谕旨搞得左右为难。他不愿意放弃反对鸦片贸易同时发展正当的中英贸易的主张，但不能不服从道光帝的谕旨。经过反复的思索并与邓廷桢商议之后，林则徐提出一种两全的办法：即一面按照预先安排，于20日拜发奏折，对折上和谕旨相抵触的那些话不做相应的改动，用意是冀望道光帝批阅后能够对"永远不准贸易"的决断重加考虑；一面又写信与豫坤商议，先做出停止英国贸易的安排，用意是表明已经顺着旨意行事了。

林则徐会同邓廷桢、豫坤等于26日正式出示，宣布从12月6日起，停止英国贸易。在停止之前，英商将货物转卖给别国商人者，其英货仍允许具结进口，不追既往；英船"皇家萨克逊"号已经具结，日后若求入口，可以区别对待，允许进黄埔贸易。

林则徐的做法和道光帝的谕旨根本不同。道光帝的旨意是取消中英贸易，闭关自守，但在世界已经进入资本主义时代，想以此一劳永逸地排除外国侵略的威胁，已经仅仅是一个愚蠢的幻想了。林则徐停止英国贸易的做法，是在承认中国有必要发展对外贸易的前提下采取的一种斗争手段。林则徐认为，"贸易一事，该国之国计民生皆系于此，断不肯决然舍去"，"而义律之勾结土密等，虚张矫饰，玩法营私，该国以七万里之遥，其主若臣，未必周知情状，令他国通商如旧，而英国独停，若该国察查情由，系因图卖鸦片，抗违天朝新例，则内而自知理曲，外而颜面何存，彼亦不肯容义律等之诡计奸谋，以自坏二百年来之生计也"。

因此，他对在"奉法者来之，拒法者去之"的原则下恢复中英贸易仍抱有希望，在做法上也留有余地。

1839年12月6日。停止英国贸易的决定开始实施。继续驻扎虎门已经没有必要了，林则徐和邓廷桢遂于10日登舟返回广州。

为了适应停止英国贸易以后的新形势，林则徐倍加注意了解外情。他秘密派遣彭凤池到澳门探察，又派余保纯到长沙湾等处查视。澳门《新闻纸》译稿，他一向认真阅看，西方新出的有关书籍，他也注意购买，并组织翻译。1836年伦敦出版的慕瑞著《世界地理大全》，经他手下的译员全文翻译出来，即是近代中国第一部系统介绍西方各国地理知识的《四洲志》。《华事夷言》摘译自1836年伦敦出版的德庇时著《中国人》，《在中国做鸦片贸易罪过论》摘译自1839年伦敦出版的地尔洼著《在中国做鸦片贸易罪过论》。

在注意了解西方情况的同时，林则徐还完善了停止英国贸易的具体措施。他认为停止英国贸易的关键，在于防止他国代运代销。这弊窦不塞，等于漏卮依旧。澳门系外商总汇之区，是塞漏的重点。以往设立澳门同知一员，是香山县属吏，且驻扎距澳门十五里的前山寨，显然不能适应新形势的需要了。他决定派遣高廉道易中孚暂行驻扎澳门内粤海关监督行署，专门负责"稽察澳夷额船，断绝英夷冒混，缉拿汉奸接济"，并节制前山内河水师，遇有缓急，可以随时调遣。12月27日，他还和邓廷桢、怡良、豫坤以及易中孚等，一起商定了澳门贸易章程。

　　林则徐知道停止英国贸易之后，英国烟贩售私牟利之心肯定不死，必将潜赴东西两路希冀私销。为了堵塞私销之路，他一面密派文武，跟踪侦察，严饬沿海各营，认真防范，并饬沿海镇、协、营、寨，并力巡查，州县文员严防口岸，以杜偷运；一面广缉接济英国侵略者的汉奸，镇压里通外国的奸徒。离开虎门的前夕，他和邓廷桢会审了出洋潜买鸦片的烟贩钟亚二，判处死刑，立即执行，尔后，他又派员审理香山、新安、归善等县拿获的通敌奸徒十余名，分别判处发近边或远边充军等徒刑。自从五月底义律宣布禁止英船进口贸易，到12月初林则徐停止英国贸易，整整半年过去了。这块义律拿在手上，气势汹汹地威吓中国的大石头，终于砸到自己的脚上。他一手造成了英国纺织工业资本家集团和鸦片贩子集团深为焦虑的结果：除"担麻士葛"号外，33只英船不得进口，卖不出货物，买不进茶叶。贸易的利益全被美国等国商人占去了。在这半年中，各国具结进口的商船有56只，停止英国贸易后十天内，又有6只具结进口。其中美国商船达45只，超过以往全年之数。相反，中国的对外贸易非但未被损害，而且从白银外流转成内溢，各船商人带来了二百万元的银币。据稍后一点的统计，本年外船输入的洋银，已经查验的有2 732 900余元，其未验的尚不在此数之内。此时外来洋银，实见旺盛，而广东省城市上纹银价值，每两较前少兑大钱百余文至二百文。这种情况，不仅义律大为沮丧，英商们也大为不满。《广州周报》刊载英商的怨言说："现今封港之事，害英国人之利，比害中国人之利更多。"

　　12月16日夜里，林则徐接到关天培派人送来的义律"求通贸易"的信件。在这封信里，义律表示"欲仍作正经贸易，凡事钦遵大清律例而不违本国制度"，企图在不具结、不交凶的情况下，含含糊糊地恢复贸易，使英商们得以重返澳门喘息。

林则徐一眼看穿义律的诡计："此次具禀恳求，仍不过八月（旧历）间伪作输诚伎俩"。他当即批复，揭露义律口谈"欲求承平"，大干侵略中国主权的罪恶勾当，严正指出"不许尔国交易，此皆由于尔之自取，并非天朝无故绝人"，"须知尔国制度，亦不能出天朝律例之外……若违天朝律例，则永远不许贸易"。但是，他仍然实践诺言，让已具结的英船"皇家萨克逊"号于29日驶进黄埔贸易。

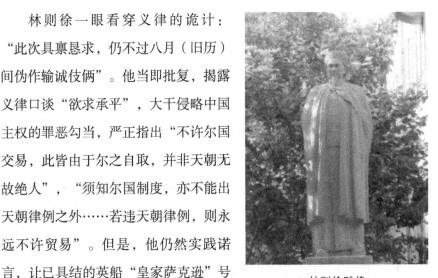

林则徐雕像

林则徐的策略是正确的。然而，他的策略已经不可能继续执行了。1840年1月2日晚上，林则徐接到道光帝披阅穿鼻、官涌战役奏报之后下达的谕旨：

英吉利国夷人自议禁烟以后，反复无常，前次胆敢先放火炮，旋经剀谕，伪作恭顺，仍勾结兵船，潜图报复，彼时虽加惩创，未即绝其贸易，已不足以示威……即使此次具出甘结，亦难保无反复情事，若屡次抗拒，仍准通商，殊属不成事体，至区区税银，何足计论！……着林则徐等酌量情形，即将英吉利国贸易停止。所有该国夷船，尽行驱逐出口，不必取具甘结。其殴毙华民凶犯，亦不值令其交出。当啷（即"皇家萨克逊"号）一船，无庸查明下落。并着出示晓谕各国，列其罪状，宣布各夷。

道光帝一道圣旨，就把林则徐具结、惩凶的正义的，也是十分正确的对英措施，明令废止了。

林则徐几个月以来为挽救民族危难的努力遭到了无情的否定。

更使他心酸的是，道光帝在回折上恶狠狠的批斥，使他婉言进谏所抱的一切希望，也都统统化为乌有。

林则徐在奏折中奏："此次剿办之余，于澳门既不能陆居，于尖沙又不能水处，苟知悔悟，尽许回头。"

道光朱批："不应如此，恐失体制。"

林则徐奏："若义律与士密尚以腹为心，则坚垒固军，静以待之，亦自确有把握。"

道光朱批："虽有把握，究非经久之谋。"

林则徐奏："奉法者来之，抗法者去之，实至公无私之义。"

道光朱批："所见甚是，而所办未免自相矛盾矣。"

林则徐奏："英国弯唎之船，已在口内……臣等谕令地方印委各员，谆切开导，以伊独知遵式具结，查明并无鸦片，洵属良夷，不惟保护安全，且必倍加优待……该夷感激涕零。惟当唧一船，被士密吓唬之后，尚未知避往何处，臣等饬属查明下落，护带进埔。"

道光朱批："恭顺抗臣，情节虽属不同，究系一国之人，不应若是办理。"

受到皇上如此强词夺理的严厉批斥，这还是林则徐走上仕途以来所遭遇的第一次。在坷坎不平的官场，他虽然有过失足，但大体上是受道光帝宠信的。奉命使粤，赐以钦差大臣的大权，是受宠的顶峰。在禁烟斗争的每个回合，他都能隐约体会到道光帝已经逐渐变心，自己也做好"事定吾当归田畴"的打算。但可以得到某种安慰的是，在此之前，道光帝毕竟还是实践了"联断不遥制"的诺言，禁烟功业还有希望。可是这道谕旨和上述的朱批，不由使他生起禁烟斗争大势将去之感。

对于道光帝的翻脸，林则徐抱着事君不二的信念，没有也不敢再行顶撞，何况顶撞也是根本无用的了。1月5日，他遵旨出示，宣布正式封港，断绝英国贸易。但他心里十分明白，贸易既断之后，英国侵略者肯定不会甘休。停止贸易至今已经有二十多天了，所有的英国巡船、货船一直还都停泊在长沙湾等处，外洋虽风浪靡常，他们却仍是迁延不去；由此可见，虽然广东省时刻严防，他们自知不可能再在广东海面贩卖鸦片，必然会向江苏、浙江、直隶、山东等省进行售烟和滋扰活动。他针对道光帝的虚骄心理，于7日上奏说："该国货船停泊外洋，本未进口，兹闻天威震怒，自当警憷回帆。惟奸夷之夹私者，固仍冀售私，即良夷之载货者，亦未肯弃货，徘徊观望，势所必然，谅非空言所能谕遣……"

他认为单凭天朝的声威是吓不退侵略者的，婉转地提出用武力驱逐胆敢窜犯走私和挑衅的英国鸦片走私船的问题。要做到这一点，仅仅粤省严防是不够的，提出："其沿海各省，以福建为最近，浙江、江苏次之，应请敕下各直省督抚，一体严行防堵，以绝去路。"

道光帝对抗英斗争的指导，是完全谬妄的。英国侵略的隐患决不会因为中国永远不准其贸易而从此一劳永逸地消除。战争的阴云早已密布伦敦，开战只是时间问题，道光帝的盲目乐观距离现实是多么遥远！

林则徐对抗英斗争的艰辛多少有所估计，对自己的前途未卜也多少有所隐忧。然而，他并不因抗敌会"启衅"，受到难以设想的打击，而放弃为民族争命的责任。他亲自处理英商犯境事件，本来想以记里布属初次来粤，还没有真正的违抗之心，拟予从轻处理，让"皇家萨克逊"号船主当啷来省领回。接到义律、士密陈舰穿鼻洋示威的消息后，林则徐改变主意，决定暂缓几天执行。他答复义律说："此时若将记里布交回，尔必以为得以挟制，益致肆无忌惮……假使稍迟释放，试问尔欲何为？"

英国侵略者的反应是可以想见得到的。1月8日，士密宣布：应义律的请求，英舰自1月15日起封锁广州口岸与珠江口。

与此同时，在北京的反禁烟派官僚也加紧了破坏禁烟抗英斗争的活动。首席军机大臣穆彰阿利用道光帝急于禁烟收场的心理，奏请调邓廷桢为两江总督，以去林则徐的左臂。1月5日，道光帝准穆彰阿所奏，放邓廷桢为两江总督，21日又改任云贵总督，26日再调任闽浙总督，而让林则徐移任两广总督，并明白示谕："林则徐已实授两广总督，文武皆所统属，责无旁贷。倘查拿不能净绝根株，唯林是问。"

第二天道光帝又下旨：务当趁此警动之机，为一劳永逸之策，至于区区关税之盈绌，朕所不计也。

在接到上述谕旨之前，1月19日，林则徐从江苏友人来信中得悉署两江总督陈銮病逝的消息，就预感到自己已经不可能和禁烟事业相始终了。他在致怡良书中说："大抵徐年内当行……盐、漕两端如何着手？盐务奏销应在二日，尤为局促万分耳"。

26日，他却接到调任两广总督的谕旨。

29日，邓廷桢接到吏部调任两江总督的部文。

虽然出乎意外，调走的是邓廷桢，但林则徐忧怀国事的情绪并没有稍为有减。在合作共事的最后一段时刻，林则徐和邓廷桢合力倾心地把禁烟公事反复商讨，又一起保奏一批禁烟有功的广东员弁和追随林则徐赴粤、屡立功勋的已革游击马辰、汉阳县拯彭凤池，审拟并奏报对包庇贿纵鸦片走私的水师官弁蒋大彪、伦朝光、王振高、梁恩升、保安泰和广州永靖营兵曾日恩、曾连茂等的处理。

2月3日，即旧历庚子年的正月初一，林则徐接受邓廷桢送来的关防、印信，正式就任两广总督。几天以后，邓廷桢离开广州北上。

腊月新春，这是中国人民的传统佳节。可是对林则徐和邓廷桢来说，这是他们忧怀国事、关切故人、痛伤分别、心碎思绝的日子。后来邓廷桢在赴闽的中途，写了一首《酷相思·寄怀少穆》，倾吐他的愁绪：

百五佳节过也未。但笳吹，催千骑，看珠海盈盈分两地。君往也，缘何意？侬去也，缘何意？

如缓征和医并至。眼下病，肩头事，怕愁重如春担不起。侬去也，心应碎！君往也，心应碎！

林则徐又何尝不为禁烟、抗英大业这"肩头事"，和反禁烟派的掣肘打击、朝廷的瞎指挥这"眼下病"而忧愁、而激愤！

尽管腐朽、卖国的反禁烟派官僚们无情地打击林则徐和邓廷桢，蓄意拆散他们的合作，中国人民决不会忘记，历史也没有泯灭他们合作禁烟抗英的伟大功绩。他们以为国为民剪除巨患的决心，没收和销毁了英、美等国走私的鸦片2 376 254斤；在一年的时间内，据不完全的统计，破获烟案数百起，拿获人犯2200名，收缴鸦片711 040两，烟枪75 726杆，烟锅726口，暂时遏止了鸦片流毒的恶性蔓延，扭转了白银外流的趋势，表达了中国人民禁毒的坚强意志。他们为维护祖国的独立主权，坚持了以具结惩凶为中心内容的外交斗争，并以武力击退了英国侵略者在九龙、穿鼻、官涌的武装挑衅，举起了抗英斗争的旗帜——这些功业，是任何千方百计要击倒他们的反禁烟派官僚们想要抹杀也抹杀不了的。

1840年开春，随着西南季风季节的迫近，英国发动侵华战争的企图已日宜显露了。1月16日，英国女王维多利亚在国会发表演说，恬不知耻地叫嚷：中国的禁烟使英商蒙受损失，触犯了英王的尊严，我已经并将继续对此深为影响我国臣民利益和我的荣誉尊严的事件，予以最严重的注意……2月20日，英国政府正式任命海军少将乔治·懿律和驻华商务监督查理·义律为侵华的正副全权公使。同一天，帕麦斯顿向懿律和义律发出第一号秘密训令，提出向中国勒索权利的条约草案，并附上海军大臣发给远征军海军司令的训令和他写的致清朝皇帝钦命宰相书的副本。在致清朝皇帝钦命宰相书中，帕麦斯顿颠倒黑白、混淆是非，胡说中国官宪"迫害"英国侨民，"亵渎"英国女王，所以女王陛下才决定派海陆军前往中国沿海，要求"赔偿损失"和"昭雪冤枉"。他还污蔑林则徐对"安分守己"的英国商民"横施强暴"，"污辱"赋有英王代表身份的商务监督义律；攻击禁烟是专门对付所谓"被诱犯罪"的外国人，对于徇私受贿、包纵烟贩的中国官员则"置而不问"。他提出赔偿烟价、尊重英国来华官员、割让岛屿给英国等三点无理要求，并且恫吓说："英国政府决定用武力"作为这些要求的后盾。在训令中，帕麦斯顿详列了侵华的具体步骤：第一步封锁珠江，第二步占领舟山群岛，并封锁甬江口、长江口、黄河口；第三步径趋北直隶湾（天津海口），封锁白河口。每处均递交致清朝皇帝钦命宰相书及中文译本各一份，迫使清廷出面谈判，接受要求。如果清朝政府不能及时答复，就应当采取更为剧烈的军事行动。并在训令中列出"对华条约草案"，其中包括割让岛屿、开放通商口岸、协定关税、领事裁判权等条文。而英国纺织工业资本家集团和鸦片贩子集团最关心的是确保推销纺织工业品、收买茶叶的稳固而"自由"的市场。莫克·维卡代表曼彻斯特纺织工业资本家致书帕麦斯顿，恳求在对华交涉中，"不仅注意到现在我们对华贸易的重要性，而且注意到将来可能扩张的程度"。建议勒索"一份良好的通商条约"，其中包括：①"要有对广州以外其他口岸进行通商的特权，要享受比我们一向享受到的更加不受限制的和中国人来往的自由"；②"把加在我们进口货和出口货上的海关税则调整到一个适中的水平上"，即"既不至阻止或妨碍货物的自由进口，又不至减低帝国政府的正当税收"；③"特别要反对限制外人只和一个小团体（行商）交易的制度"；④偿还积欠英商的债务，但"不可允许中国人用损害我们将来对华商务的办法去筹还这笔债务"；⑤寄居广州的"办禁"情况"必须有很大的改变"，"禁止外国人携带妻室家属的野蛮法令应该更改"；
⑥"应该有足够的地皮好建造货栈"；⑦"超乎一切的一桩紧要的事
情是占有一处居留地，在那里，我们可以生活在不列颠法律的保护之
下"；⑧不能接受中国法律的统治……

从4月底开始，英国侵华远征军的舰艇陆续从好望角开普敦等地启
程，开赴印度加尔各答集结，准备前往中国。

在广东，中英之间的武力对抗也转入一个新的阶段。广州封港后，
狡诈百端的义律，趁岁暮深冬，中国人民忙于除旧迎新之际，再次秘密
潜入澳门，冀图暗中买通葡萄牙当局，以澳门作为对抗中国的依托。可
是这一行动，立即被易中孚侦悉，林则徐得报后，宣布要派兵入澳门围
拿。2月4日，即旧历正月初二，义律不顾警告，悍然调遣"海阿新"号
驶入澳门内港。林则徐也断然采取了调兵行动，只是由于葡萄牙当局的
斡旋，"海阿新"号撤出澳门，才中止出兵的成命。接着，林则徐利用
英葡之间的矛盾，谕令澳门葡萄牙当局限期内把义律和英商数名一起驱
逐出境，否则，将采取暂停澳门贸易的行动。然而义律等死赖着不走，
澳门葡萄牙当局借口"中立"，竟不加干预。2月20日，林则徐传谕澳门
葡萄牙总督，申明澳门是天朝土地，其他外国人不得混行托足，更不容
英国图占，决定刻日出兵入澳保卫。澳门葡萄牙总督以中国"恐受先行
肇衅之名"加以阻拦，实际上是在偏袒义律。林则徐遂决定停止澳门贸
易，公布了2月5日先行拟好的告示。

义律接到帕麦斯顿的第十五号和第十八号秘密训令。在此前后，在
华外商开始传播英国准备进犯中国的消息。林则徐也及时地得到探报。
他在给澳门葡萄牙总督的谕令中就提到："现据该国夷人传说'英夷祖
家兵船十二只，孟买兵船十二只，不久可到'等语。"3月7日发出的奏
折上还提到："海上传闻，谣言不一，有谓英夷会集各埠兵船同来滋扰
者；有谓来船一二只满载炮火，将逗留之货船尽扮兵船者；有谓该夷去

秋求准通商，已将新烟载回夷埠，今贸易既断，转无顾忌，奸夷载去别货，仍将鸦片换来，设计诱人玩法者……"

为防英国对华侵略战争的突然爆发，林则徐积极地进行着战守的准备。针对双方军事力量的对比，林则徐提出了"以守为战"的方针。他承认英军船坚炮利，擅长海战，中国水师则战船不坚，炮火不利，"洪涛巨浪，风信靡常……而师船既经远涉，不能顷刻收回，设有一二疏虞，转为不值"。但又看到英军远离本土，奔波劳累，且"粮饷军火安能持久"，而中国在本土作战，地形地物熟悉，物资补给方便，处于"以逸待劳"的地位。因此，采取"以守为战"，可以"百无一失"。

林则徐强调"以守为战"的立足点是守，即避敌之长，不与英军海上交锋。为了实现有效的防守，林则徐致力于加强敌人入侵时必经的海口、内河和山梁各要隘的防御工事，"密购西洋大铜炮及他夷精制之生铁大炮"，装配虎门各炮台，加强远攻火力。又在尖沙咀山麓石脚和官涌偏南一山增筑"惩膺""临冲"两炮台，置炮56门。虎门海口，除木排铁链外，在横档、巩固两炮台之间江底钉插暗桩，防止英舰的闯入。在兵力部署上，也做了适当的调整。水师大鹏营管辖虎门东翼沙角至香港一路海面，是英军进犯必经之道，原仅一营兵力，力量单薄。林则徐和关天培再四筹商，决定把建制提升为协，拨置副将坐镇九龙指挥，兵力和战船亦加增调。

同时林则徐认为"以守为战"，还必须以战助守。他对准英军远来、供应困难的弱点，决定采取夜袭火攻战术，剪除出海接济英船的汉奸船只，使敌不战而自困。为了提高水师的海上作战能力，以便日后有可能与英军海上交锋，林则徐积极筹造战船。3月间，建造了一批"较旧日为坚强长大的炮艇"和"许多小帆船"，又"仿照越南制成轧船四只"。4月25日，又建成二三只双桅船。——这些船都是按欧洲船式修建的。在此前后，林则徐精心搜集了中外多种战船的资料，其中绘有图式的有八种：《广东水师营快蟹艇图》，该艇"计两桅，每面用桨二十枝"；《知沙碧船图》，该船"计三桅，有头鼻，与英夷船同，炮二层，三十四位，长十二丈"；《花旗船图》，该船"三桅，与英夷船同，炮二层，二十八位"；《安南国鱼船图》，该船"形如大西瓜扁式，两边安炮，兵在篷内打仗"，"头尾两边各设桨三四枝，或设车轮激水"；《安南国大师船图》，该船"凡两桅，桅凡两段，以笋接竖，式与英夷相同"；《安南布梭船图》，该船"形如夷船小三板式"；《安南大头三板图》；《车轮船图》，该船"前后各舱，装车轮两辆，每轮六齿"，踏轮"如车水一般，船身长一丈七尺五寸，船舱肚阔五尺"……

林则徐向道光帝奏道："今春检查旧籍，捐资仿造两船，底用铜包，篷如洋式，虽能结实，而船身嫌小，尚须另筹办理"。

可见他汲取外国船式的优点仿造的战船，可能便是上述图式的第五种。"底用铜包，篷如洋式"，比原来的水师米艇先进。但林则徐认为"船身嫌小"，决心汲取外国技术制造可以和英国海军抗衡的坚固大船，"以壮水师声势"，由于经费困难，一时无法措办。

林则徐考虑到等候集资兴工造船，缓不济急，又积极募集民船，筹办火舟，补充和加强水上攻敌力量。与此同时，他积极招募民间壮勇，"借兵力而助军威"，丁壮协守陆路要隘，水勇则用以水上夜袭火攻。

在林则徐的号令下，广州内外，秣马厉兵，紧张练兵。林则徐盼望广东官兵能尽快剔除积习，练成劲旅，手书一副对联，悬挂在演武厅上：

小队出郊峒愿士卒功成净洗银河长不用，
偏师成壁垒看百蛮气慑烟消珠海有余清。

"净洗银河""烟消珠海",这就是抗英战争的目的。

3月23日起,林则徐会同怡良,亲赴校场,连日检阅督标左、右、中、前、后五营,抚标左、右两营,广州协两营及水师一营官兵操练。

在虎门,关天培督促着水师官兵操练海上攻敌本领,并加意训练从渔民、枭徒中招募来的水勇,教以夜袭火攻之法。这批抗英群众,谙悉水性,视波涛如平地,热血满腔,对敌人衔恨刺骨。他们很快地掌握了杀敌本领,作为水上作战的突击力量……

我们不能不承认,林则徐在战争准备中,注重募集民船,征招乡勇和水勇,"借兵而助军威",已经体现了一种发动和依靠人民群众,进行人民抗敌斗争的战略思想。

葡萄牙当局出于自己的利益,在林则徐暂停澳门贸易后,便又拒绝义律等寄居澳门的要求。义律多方抵赖,均不奏效,只得再次退出澳门。林则徐遂于三月初宣布恢复澳门贸易。

义律退出澳门后,英船继续散泊外洋,一面廉价拍卖货物、鸦片,一面高价收买食品,加意招徕汉奸……

林则徐立即意识到,"啖(给诱)以倍蓰(五倍)之利,则一蔬一薪,亦皆厚给其价,并以鸦片与之兑换,使之两获其利",必有大批汉奸趋利而亡命助英。果然,在英国侵略者的引诱下,沿海一带的贪利亡命之徒,纷纷驾驶舢艇,环集英船,甚至于荒屿或海中沙滩,搭盖篷寮,接济英船,走私鸦片。断绝中英贸易后出现的这一私弊,严重影响了林则徐以守为战、使敌自困的战略计划。

林则徐决定立即派出水勇,攻击焚烧汉奸船只,彻底断绝英国侵略者的接济来路。2月29日夜,在关天培的策划下,水勇分成四队,分别由马辰、卢大钺、黄琮、杨雄超带领,从东涌上下濠、屯门、后海青山和长沙湾出发,合趋长沙湾英船寄泊之处,出其不意,一齐发火,乘风抛掷喷筒、火罐，围歼运烟和接济食物的汉奸船只，一举烧毁了屠牛换烟土的大海船一只、买运鸦片的艚船一只、大买艇一只、大扒艇一只、虾笱办艇三只、杂货料仔艇一只、卖果子糕饼的扁艇十五只，共达二十三只，并烧毁海中沙滩篷寮六座。除烧毙、淹毙者不计其数外，还生擒汉奸十名。又把英船高头三板前后烧燃，被其发觉扑灭，仓皇逃遁。据梁廷楠《夷氛闻记》记载：在同一天里，"金星门亦以二舟师驱火船进逼，会风转，窝拉尼疑兵船遣三板拢拨火船近岸，延及岸旁小艇，与他国底威尔三板头桅，英国哥哇支麻里船，皇遽开避，胶浅幸免。夜再以火船出，亦缘风潮不顺而返"。

3月2日晚，马辰亲自到广州向林则徐禀报长沙湾夜袭战况，并带来关天培的一封信。林则徐十分高兴，认为："此次烧毁办艇，甚为痛快，不独寒奸之心，亦已落顽夷之胆矣！"他嘱马辰明天早晨一定要将详细情况面禀怡良。

林则徐和怡良亲自参加了审讯这次夜袭所拿获的汉奸，判处卖牛兑换烟土的黄添幅死刑，接济犯陈水生等全部问拟遣远流放。

林则徐当即与怡良商定："随时设法焚烧，认真查拿，以杜勾结而绝根株"。

此时，引水探报驶赴老万山黄茅洋的两只英船又折至九洲洋游弋，并传闻该国有大号兵船将次到粤。林则徐立即下令粤洋各要口加意防范。

3月24日，载炮四十四门的英舰"都鲁壹"号开抵澳门海面。

次日，林则徐接到探报，立即调遣兵力，加强澳门的防务。在写给怡良的信中，他特别提到这件事："查此船即九月新闻纸内所说要来中国调停各事者。今既来此，只可严防。至所云尚带二三十只船之语，则皆虚张而已。易信庵（易中孚字）请派陆路兵，兄思别处调遣，未免需时，不如就近拨派，现拟委谒阳张令带其练勇三百余名前赴关闸，而佐以香山炮手百名。"

针对"都鲁壹"号"在外洋寄碇数旬,毫无动静"的情况,林则徐为了"制其反侧,绝其窥伺",饬令加意守望,抓紧练兵。5月26日,林则徐检阅水师兵勇,其中包括两个二十五吨重的纵航式船,油漆为黄色,绘有黄龙;一个明轮推动的小船,许多沙船。

经过整顿后的广东水师,战斗力已有很大的加强。林则徐心里很清楚,广东水师和英国海军相比,还是很落后的,为了海疆长远之计,必须大加改造装备,他提出:"即如炮位一项,洋面师船所用,必须三四千斤以上,而制造又精巧者,以之抵御夷炮,方可得力;若炮台所安之炮,竟须七八千斤至万斤以上,方能致远。"而战船也须"倍加坚实"。但是,清朝政府历来不重视海防建设,就说这次钦命查办广东海口之事,本是一件关系国家民族安危的大事,朝廷并没有拨给专门经费,更谈不上制船造炮,筹划经远了。林则徐虽然奏请由十三行捐缴三年茶叶行用银两,支销防英费用,可是数量不多,还须撙节动支,一时难以顾上制造大型船炮,这不能不使他十分焦虑。

问题还远远不止于这些。全然不知英国虚实的道光帝和朝臣们,压根儿不把抵抗当作一回事。道光帝本是以为"控制之良法"在于"先威后德",而英国一定会在用兵之前畏威"乞恩"的。他指示林则徐、邓廷桢的示威方略是"体察情形,相机筹办,务使奸夷闻风慑服,亦不至骤开边衅,方为妥善"。这完全是一种模棱两可之词。表面上是同意林、邓的备战,骨子里是如果海疆有事,林、邓该负不妥善的责任,给林、邓预留了未来可以加到头上的罪名。林则徐奏报传闻英国有大号兵船将次到粤的折片到京后,道光帝又于4月28日满不在乎地朱批道:"无论虚实,总当不事张皇,严密防范,以逸待劳,主客之势自判,彼何能为也。"说白了,就是名为防范,实际上不准做抵抗的动员准备。大理寺正卿曾望颜在1月15日上的条陈,更是公开主张"制夷要策"在于封关禁海，即"无论何国夷船概不准其互市"，内地"大小民船概不准其出海"，比道光帝的断绝中英贸易更要倒退十步。这种对策实在是不识实务。汪洋大海阻隔各民族往来的时代早已经过去了，对于英国资本主义侵略者来说，更不是天然防线。即使是从策略上考虑，也是荒谬绝伦的。

林则徐在4月27日上的复折上奏："今若忽立新章，将现在未犯法之各国夷船与英吉利一同拒绝，是抗违者摈之，恭顺者亦摈之，未免不分良莠，事出无名……若概与之绝，则觖（绝）望之后，转而联成一气，勾结私图。"岂不树所有外夷各国皆为己敌了吗？又何况，这一来，首先受到打击的是广东沿海人民的生计："缘广东民人，以海面为生者，尤倍于陆地，故有'渔七耕三'之说，又有'三山六海'之谣，若一概不准其出洋，其势即不可以终日"。

林则徐反对这种谬妄的"制夷要策"，但他也明白，事到如今，无论他再怎样力奏坚持，道光帝和朝臣们对他的意见，也还只能是冷眼相待了。

临战前的局势是严峻的。中英贸易的断绝，查禁措施的实行，曾一度使义律和英商陷入不得不以布帆兜接雨水，几于不能救渴的窘境。然而由于奸民的接济食物，他们很快的恢复故态了。经过长沙湾被袭的教训，英船只在外洋往来游弋，此东彼西，总无定处。日则暗放三板，分运烟土，引诱奸民，零星贱卖；夜则抛锚寄碇，并招集小艇环护，值更瞭望，以防我兵火攻，行动更加诡秘了。

林则徐明白，要完全切断英船的淡水供应，必须控制沿海各山麓的泉水，但山峦叠错，守不胜守，难以办到。夜袭火攻虽因其防备甚周，不易下手，但这也说明英船"最畏焚烧"，所以仍当以"所畏者设法制之"。他饬令沿海兵勇，注意捕捉时机，积极开展这种朴素的海上游击作战。

5月间，新安县营弁在小濠海边烧毁奸民办艇四只，篷寮五间，抓获英船上的厨工梁亚次等六名。

22日，兵勇进袭英国鸦片走私船"希腊"号，击伤该船船长和二十五名船员。

6月8日，李贤、马辰、黄琮、卢大钺、林大光等，分带兵勇四百余名，暗伏磨刀洋岛屿。夜半月落时候，他们出其不意，占住上风，合力火攻聚泊在磨刀外洋的英船，焚毁英船二只，烧伤一只，延烧奸民办艇十一只，烧毁近岸篷寮九座，捕获逃亡中的罟船一只，毙英国侵略者四人，活捉汉奸十三名。

9日，载炮二十八门的英舰"谷巴士"号抵金星门海面，与"窝拉疑"号、"海阿新"号、"都鲁壹"号遥相呼应，分散游弋，等待英国侵华远征军的到来。

13日，林则徐又一次筹划袭击英船于金星门："令火船十艘，每二艘连以铁索，乘潮盛攻之。夷船亦以舢板撑拒，我兵遂超过其特威尔船，杀水手，泅水而返"。这次行动虽然没有取得成功，仅焚毁其舢板小船两只，但它表现了林则徐不畏强暴、坚决抵抗的决心。

16日，英军武装汽船"马打牙士加"号抵达粤海。21日，英国侵华远征海军司令官伯麦乘载炮七十四门的旗舰"威里士厘"号抵澳门湾外，同来的还有炮位一层的军舰一艘。第二天，陆续又来兵船七只，均不甚大，炮位亦袛一层。又先后来有车轮船三只，以火焰激动机轴，驾驶较捷。英舰连樯而来，或泊九洲，或赴磨刀，或赴三角外洋，东停西窜……这一天，伯麦从"威里士厘"号上发出公告："现奉英女王陛下政府命令，本司令特此公告：从本月二十八日起，对广州人口所有河道港口一律进行封锁。"

英国资产阶级蓄谋已久的鸦片战争，终于爆发了。

消息传来，林则徐饬令沿海官兵，森严壁垒，严阵以待。虎门内外炮台、战船，三千余名官兵磨刀擦枪，随时听候分拨。澳门一带，一千三百余名兵勇进入戒备状态。尖沙咀、官涌山附近，八百余名官兵扼守着山梁，严防敌军的进犯。此外，各小口及内河水陆要隘，亦皆添兵多名，协同防堵。林则徐在奏折中描述说，"声势已皆联络，布置并不张皇"，"且随处侦拿接济，严断汉奸，务令尽绝勾通，俾其坐困"。

与此同时，林则徐又将英军来犯的情报，火速咨传闽、浙、江苏、山东、直隶各省，饬属严查海口，协力筹防。

6月24日，林则徐会同怡良向道光帝奏报了英军来粤和备战待敌情形。25日，义律在澳门签发了给广东省沿海居民的通知，宣布英军对广州和珠江口的封锁。同时，伯麦的"公告"，由马礼逊按中文告示格式，编成汉字说帖，写在木牌上，插于尖沙咀一带的海滩上。

为了有效击退敌人的进犯，林则徐及时地颁发了《英夷鸥张安民告示》：

……英吉利夷人本多狡诈，且以鸦片害我民人性命，骗惑内地资财，当亦吾民所共仇共愤。本部堂今与汝等约：如英夷兵船一进内河，许以人人持刀痛杀。凡杀白头鬼一名，赏洋银一百元，杀死黑鬼子一名，赏洋银五十元……

林则徐在告示中还列有杀擒英军头目、汉奸和烧擒英舰、英船的不同赏格。

28日，英国侵华远征军总司令兼全权公使懿律乘坐的旗舰、载炮74门的"麦尔威厘"号和军舰、载炮44门的"布朗底"号、载炮20门的"卑拉底士"号，武装汽艇"进取"号，一起开抵澳门港外。至此，英军开赴中国海面的兵力，共有军舰16艘，载炮540门，武装汽艇一艘，运输船27艘，陆海军4000人。义律登上旗舰"麦尔威厘"号和懿律会合，英舰也于同一天开始封锁珠江口。英军本来打算在封锁珠江口后，破坏

江面的防御工事，进犯虎门要塞。鉴于林则徐严密布置，各水陆要隘戒备森严，而帕麦斯顿在此前的第一号训令中又无此项指示，懿律决定放弃这一军事行动。至于帕麦斯顿在训令中所指示的："一到达珠江口，便设法把我寄至中国宰相函一份，连同一份中文译本，一并送给广州总督……并且你应要求总督把这份包括原件和译本的公文送往北京，不得拖延"一事，也由于义律认为林则徐不好对付，坚持"不宜于让广州中国当局最先知道英国的要求是什么"，而放弃执行，改派"布朗底"号把信送往厦门。

6月30日，懿律和义律根据训令，开始第二步侵华军事行动，率军舰十三艘、武装汽船三艘、运兵船一艘、运输船二十七艘，离粤海北犯。只留军舰"都鲁壹"号、"拉茵"号、"海阿新"号、"哥伦拜恩"号和武装汽船"进取"号，以士密为粤海英舰司令官（兼"都鲁壹号"舰长），继续封锁珠江口。

7月1日，林则徐得引水禀报英舰离粤消息，又从英商转呈美商来禀中知道"听说英夷兵船系赴浙江、江苏，又有人说往天津等情"。第二天，他收到新安县抄送的伯麦汉字说帖全文，当即写信嘱令关天培："如果该英夷胆敢拦阻行舟，即当示以兵威，不容滋扰。"

林则徐决定即速将上述敌情飞报道光帝，并同时交咨文浙江、江苏、直隶等省，一体防范。

在7月3日晨写给怡良的一封信中，林则徐说："昨新安抄送之夷贴，知已呈览。鄙意即令该县用红白禀申送，以凭人告，否则众目先睹，转恐发自他人，无以自解于讳饰矣……刻下时势已归于拦阻货船一着，而此招最为毒手，以内地工作之人，略停数日即不能堪也。兄昨复滋圃（关天培字）信稿，顺呈台览……直隶信稿，谬拟一纸，未知妥否？如棣台大人一同列衔，亦属省事，统候示复遵办。"

怡良同意林则徐的意见，当天即会衔发出奏折和咨文。在奏折中，他们建议：如英舰果然驶赴天津求通贸易，倘听陈言词恭顺，可否救下直隶督臣，查照办理阿美士德使用权案例，将其递词人由内河逐站护送至粤处理，"倘所递之词有涉及臣等之处，惟求钦派大臣来粤查办。"

林则徐发出奏折和咨文后，继续密切注视敌情的变化。这时，广州附近城乡人民，在林则徐告示的鼓舞下，抗英热情高涨，纷纷加入社学组织。当行商、盐商及潮州客民奉命出资招募五千水勇时，人们不约而同，从各处成千成万群涌而来。宾汉描述在商馆广场上招募水勇的情形说：

商馆前面的广场上搭起了棚房……广州知府以及其他高级官员都出席了，行商、盐商以及潮州商人陪侍。志在每月六元的人……大群大群的聚集在棚房一带。广州知府前面，由吏役保持出一大片空地。志愿参军的人被引到空地上。这时，为了证明他们入新军的资格，他们必须举起一个长约五英尺的双石轮，石轮两端各有一块圆形或轮形的花岗岩，总重量约有一百斤。他们要从地上双手把它拿起，举到头上，直到两臂伸直为止。有几个人达到这个姿势之后，只用一只手举石轮，保持原有姿势达数秒钟。

英军的主力北上后，陆续又有英舰驶入粤海，旋即北去。留在珠江口外的英舰，时常派一二船乘潮至相距虎门五十余里之校椅沙一带，遇见内地出入之盐船、商船，即潜遣舢板拢近，探询官兵消息；每日东飘西泊，行踪不定，深恐被我兵派出火船烧毁。林则徐考虑到南风盛发，不利水师出航，决定"一得可乘之隙，即当整队放出外洋，大张挞伐"。为了加强水师出洋海战能力，林则徐又从美国罗素洋行商人手中，购买了本年6月22日驶进黄埔贸易的商船"吉赛皮克"号，即该洋行收买的九百吨的英国轮船"甘米力治"号，并把它改装为军舰，配备英国制造的大炮34门。

整个7月，在广东没有发生战斗，双方军队在紧张对峙的气氛中谨慎地避开了正面冲突。英军的战略意图，是以封锁珠江牵制中国，等候大举北犯得逞的消息，然后相机而动。林则徐的战略意图，是打破封锁，但避免与敌海上作战。一方戒备森严，一方不敢冒轻人，这种相持的局面说明林则徐掌握着广东战场的主动权。英军的封锁实际上只限于外洋，后来，帕麦斯顿就曾根据从澳门到广州的内线未被封闭这一点，指责义律玩忽训令，封锁珠江不彻底，等于承认了封锁的失败。

8月3日，林则徐突然接到浙江巡抚乌尔恭额来咨二件，通报定海县失守！原来，英舰自粤连樯北上，除"布朗底"号赴厦门送信外，其余直趋浙江定海。"布朗底"号于7月2日午后窜入厦门内港，停泊屿仔尾，随即放下舢板小船一只，悬挂白旗，企图靠岸投书，被守军击退。第二天，英国侵略者三十余人又驶小船，试图强行登岸，并扬言不叫上岸，就要打仗。守军阻拦，守备陈光福放箭射中英国侵略者一名，兵丁连放鸟枪，把侵略者二人击落海中。"布朗底"号旋又派出十余人乘舢板前来挑衅，妄图直扑炮台，署参将陈胜元用长矛刺死强行登岸的英国侵略者一名，哨船及岸上兵丁，一齐向敌人射击，英船被迫驶回。英军恼羞成怒，从"布朗底"号上发炮轰击厦门，当场打死兵丁九人，妇女一人，打伤兵丁十四人，击坏民房一二十间。炮台奋力反击，又以数百水勇伪装商船前往偷袭，"坏其舵尾，掷火罐喷筒，歼其夷兵数十"。经过三个时辰的战斗，"布朗底"号放弃投递书信的尝试，狼狈窜遁。

与此同时，英舰主力已经陆续集结浙洋。首先抵达的是伯麦率领的军舰"谷巴士"号，武装汽艇"马达牙士加"号、"阿打兰打"号和运输船二艘。8月3日，"马达牙士加"号和"阿打兰打"号窜入定海北港的头道街，测量港水深浅。4日早上，伯麦和英国侵华远征军陆军司令布尔利，率"威厘士"号、"康威"号、"谷巴士"号、"巡洋"号，驶入定海内港。定海毫无战守准备，英舰都驶入沈家门了，水师总兵张朝发竟还说："夷船被风吹来，恒有之事，无足惊讶"。没多久，又得报

告："来船益多，过于常时，官吏稍疑怪，既而囅然曰：'是不得市于粤，故举集于此，此将成大码头，吾徒常例钱且日增矣'。"

敌人都已经兵阵家门了，贪官污吏们竟还以为是来做贸易的，并为从此可以从中得到"日增"的"常例钱"而弹冠相庆呢！

待到伯麦、布尔利向到"威里士厘"号上查问来意的定海知县姚怀祥下了限明日下午二时前献城的最后通牒，这才幡然醒悟到战争临头，但已经来不及了。姚怀祥决定闭城待援，但水师总兵张朝发以"城非吾责"，拒绝合作。于是改定各分守战，相约"在外者主战，战虽败不得人；在内者主守，守虽溃不得出"。5日下午二时，英军见定海守军毫无降意，遂发起攻击，水师一触即溃，张朝发受伤落水，退守镇海。英军长驱直入，登陆后占据关山（东岳山）炮台，连夜轰城。6日凌晨，英军自东门梯城而人，清军不战不守，纷纷溃散，各顾身家，定海遂失，知县姚怀祥、典史全福死亡。

定海的失守，是清朝的腐败政治所注定了的。

腐朽封建的半文明制度，与世隔绝的状态，早已养成清朝君臣不问世界大势，迷信"天朝声威"可以"慑服蛮夷"的愚昧心理，辽阔的海岸线上，长期武备不修，将不知兵，兵不知战。久享承平的虚幻景象，灯红酒绿、醉生梦死的糜烂生活，又铸成了统治者对现实的麻木不仁，在英寇入侵的警报频传的时刻，毫无发奋振作的打算。道光帝的愚昧无知，可见一斑。两个月前，林则徐奏报传闻英国有大号兵船将次到粤等情，他深不以为然，蔑视地说："主客之势自判，彼何能为也"。7月20日，他接到英军进犯定海的奏报，还是满不在乎地说："此等丑类，不过小试其技，阻挠禁令，仍欲藉势售私，他何能为！"22日又说："该夷等亦不过稍逞小技，恫疑虚喝，迨至计穷势蹙，自必返棹人洋，无所希冀。"这种轻敌麻痹的荒唐意旨，带来的自然是自坏长城的恶果。

南国风云

从到粤查禁鸦片以来，林则徐一直是在反禁烟派的肘掣下孤军奋战的。

战争爆发前，除了福建由于邓廷桢的到来，做了抵抗的准备，其余沿海各省在反禁烟派腐败官吏的把持下，都对林则徐建议"严加防范"的多次咨文置若罔闻，或者饰词应付。浙江巡抚乌尔恭额，本属反禁烟派，在鸦片论战中，曾极力反对黄爵滋的严禁主张。广东抗英形势日益紧迫，他多次接到林则徐来咨和道光帝饬令严防的谕旨，表面上也曾慷慨激昂地奏上"防夷条款"，但是行动上却形同木偶，丝毫没有进行战争的动员和准备。定海守军在英舰连樯犯境的情况下，全然不知英军的意图，那是毫不奇怪了。

英舰北上浙江、江苏，林则徐原先以为"该二省已叠接粤省咨文，自皆有备，不致疏虞"。接到乌尔恭额来咨，不胜震惊。他为英军的妄逞鸥张而"闻之发指"，为乌尔恭额的"徒托空言"，"任其占取"定海而愤懑非常。他当即把乌尔恭额来咨寄送怡良，并嘱咐："祈阅后密之，明日拟造商一切。"他很快从震惊中苏醒过来，预料到反禁烟派势必利用这一事件嫁祸于他。在当晚写给怡良的第二封信中，他感慨万千地说："敝处折差大约数日亦可回来，当有续信，区区惟待罪而已！"

林则徐和怡良于8月4日共同研究了定海失陷后的局势，当天起草了密陈恢复定海机宜的折片，并拟照奏折的原意又书一信，寄给乌尔恭额。在7日发出的这一折片中，林则徐指出：英舰"乃敢聚于定海，妄逞鸥张，明因该处孤悬海中，希图据为巢穴，是必豫相纠约，早蓄逆谋"。虽然他没有掌握任何英国蓄谋侵略中国的具体事实，但这种从义律、士密的违抗行径合理的联想、推论出来的判断，却是正确的。这使他更加明确坚决抵抗的必要。根据广东抗英的经验，他认为英船登岸，群众一定会"协力齐心，歼除非种"，"乡井平民，亦尽足以制其死命"。所以，他建议道光帝允许并鼓励村民诛杀英军，敌忾同仇，收复定海：

此时定海县城甫被占据，城中人户仓促逃亡，而该县周围二百余里，各村居民总不下十余万众，夷匪既在岸上，要令人人得而诛之，不论军民人等，能杀夷人者，均按所献首级，给予极重赏格。似此风声一树，可使靡有孑遗……

随着英军攻占定海的消息传来，留在广东的英军也渐形猖獗。连日来，他们先后在珠江口外掳去海运盐船十四只，甚至枪杀民船舵工盛全福，打伤水手杜亚发。英军的暴行，广东军民看在眼里，恨在心头，磨拳擦掌，愤切同仇。6日清晨，澳门群众指引弁兵，在卡思兰湾活捉了非法潜居澳门的英国人温特森·士担顿，把他押解到虎门，往广州。在此前后，沿海渔民也活捉了两名印度水兵，解官究办。

士密得知士担顿被俘的消息，立即乘"进取"号赶到澳门，向行商抗议，叫嚷将要采取最强硬的步骤。英国驻华副商务监督参逊也写信给澳门葡萄牙当局，要求释放士担顿，"并称如不允准，即欲行澳滋扰"。易中孚从澳门返回广州，向林则徐转呈澳门葡萄牙当局请求释放士担顿的禀件。

林则徐认为这是虚张挟制，"虽所获英夷无足轻重，然此时若徇所请，则损威示弱，转无以戢叵测之心"，断然拒绝释放士担顿，并添调督抚两标官兵，连前共合二千人，进入澳门防堵。为了痛剿寻衅的英军，他又陆续调集各营大号米艇20只，并雇募红单船20只，拖风船26只，配备炮火器械，拨出一部分兵丁和新招募的水勇千余名，先在内洋逐日操练技艺。又前后购备火船二十余只，发交关天培分派水师随带应用。

14日，林则徐接到乌尔恭额来咨，通告浙省已奏请饬调广东舟师二千赴浙会剿。林则徐认为广东战事一触即发，不宜分散兵力，不同意分调赴浙。此时，他又得到探报，觅抄定海英军书信一件，译出中文，知道定海民众坚壁清野，反抗英军，"现英逆甚望定海居民回至该处与之同住，而民人屡招不至，所出章程亦无人肯信，沿海渔船悉皆避去。各夷船本系随带鸦片，售作资粮，今已伙食无多，转瞬风色将转，均甚愁急"。他认为"是正有可乘之机"，可以"诱擒于陆地"。16日，他密奏道光帝，再次建议："或将兵勇扮作乡民，或将乡民练为壮勇，陆续回至该处，诈为见招而返，愿与久居，一经聚有多人，约期动手，杀之将如鸡狗"。还将这一建议写成密函，飞致乌尔恭额斟酌办理。

17日，林则徐登舟离广州，赴狮子洋校阅兵勇操练技艺。这次大规模的军事演习，本来定于16日开始举行，因为几天来天气似在酿雨，才改为从19日开始。同一天，易中孚也从广州返抵澳门，向葡萄牙当局宣布林则徐不同意立即释放士担顿和增调兵力进入澳门防堵的决定，并申明派兵的目的，是"澳门系天朝疆土"，"不使他族得以占居"，要求葡萄牙当局严格遵守中立，免得"并受其害"。葡萄牙当局立即将林则徐的上述决定转告士密。

早已蓄谋进犯的士密，立即采取所谓最强硬的步骤，派"进取"号到急水门，调"都鲁壹"号进犯澳门。18日，英舰"都鲁壹"号、"进取"号和满载英兵的运输船"拿萨勒·收"号窜至澳门港外。当晚，中国水师师船和运兵小船奉命纷纷驶进澳门内港，准备严加防堵。

19日中午，英兵在士密指挥下，乘"进取"号等出其不意地偷袭关闸炮台，首先从舰上齐放飞炮，蓄意轰毁炮台。我炮台守军即时开炮迎击，闸内闸外官兵也一齐赶来支援，以地峡为掩护，用许多旧锈的旋迥扣和火绳枪，尽武器的能力还击。但是，由于武器低劣，我兵回击的炮火大都射程不够。激战一小时后，英军乘势把炮台火力压倒，380名英军分乘舢板登岸，占领关闸炮台，又将官兵安在关闸之炮倒回炮口点放，攻打关闸，并攻打新庙。中国官兵在敌强我弱的情况下，进行了顽强的抵抗，损失较大。督抚参将波启善、守备陈宏光额部受伤，前山一带香山协师船八只，在接仗中损漏三只。惠州协师船在隔岸也同时连发数炮，但被英军炮火击中，船上兵勇纷纷逃避。英军占领炮台，轰毁关闸界墙后，又钉塞炮台大炮的火门，放火焚毁棚房和帐棚，并撤走大炮数尊，趁潮退立即驶去。

同一天，水师官兵和水勇在狮子洋上开始大规模的联合演习，演放大小炮位，抛掷火球火罐，撒放火箭喷筒，以及爬桅跳船各种技能。以"甘米力治"号改装配备的军舰也参加了这次演习。整整两天，林则徐逐一亲加校阅，对兵勇们练兵的高昂士气大为满意。在20日写给怡良的信中，他写道："每日皆阅两操，若以纪律绳之，未必尽合，然争先向往之慨，似亦足张我军。且由桅上过船，较之缒而登者，奚啻霄壤。毕竟澎海人习于帆樯之技，或可使英贼胆寒也。"

校阅期间，林则徐重新规定烧擒英船、杀擒英军的赏格，又颁布了《剿夷兵勇约法七章》。这一约法，主要是规定火攻敌船的原则和做法，其中特别强调"破敌首重胆气，胆大气盛者必胜兵船虽长若干丈，尔等不必看得他长；虽有大炮若干门，尔等不必畏他炮多而大"，掌握了避敌之长、击敌之短的打法，完全可以做到以小胜大、以弱胜强。这种打法是：

一、选占上风，避敌船两侧炮火，专攻头尾；

二、以十二只十六只船攻击敌船一只，分左右两翼四角斜向扑拢其头尾。前队如不得手，可搞通下调换后队进攻；

三、扑拢敌船后，要抛掷火罐喷筒放火，然后乘胜爬桅过船，首尾两旁同时敲钉火船（把火船固定到敌船上）焚烧，使其三层受敌，抵当此一层，不暇兼顾彼一层。

演习结束后，林则徐移舟虎门，与关天培就近筹商战守。

二十一日凌晨四鼓，林则徐在虎门接到香山县令吴恩树专差送来关闸开战、急求发兵接济的禀报。虽然此时关闸实在情形怎样，问来差，

也说并不知道，他仍决定调遣马辰和揭阳令张熙宇带领现在虎门、派在红单船准备随水师出洋剿敌的揭阳壮勇，立即驰往香山，从旱路赶赴增援。上午，他又接吴恩树派人驰来请求调拨数千斤重大炮和南海、番禺两县协济人夫往援的禀报，从来人口中得悉关闸开战失利的情形，明白"看此事势，大非了局，不得不多集重兵"，立即拨出师船八只、拖船二十五只、火船二十只、巡哨等船二十余只，由海道驰往救护。同时飞檄调南韶兵五百，三江协兵三百，拟由马辰、陈连升指挥抗敌。

关闸之战的失利，大出林则徐的意料。他对守军未能力战、失陷炮台又气又恼，在一封信中，他愤慨地说："细查前山寨内，现在各文武聚集一处，兵数实逾二千，并非短少。所可恨者，披坚执锐之人，无非豫存弃甲曳兵之想。此间恶习，陷溺已深……今若骤加峻法，奈罚不及众何！"

他一面札令易中孚等人，严厉执法，对溃逃的官兵，"必得斩一二人以徇于军"，以煞住恶习，稳定军心；一面亲自殷切地鼓励出援关闸的将领"激发天良"，"振作胆力"，为国立功。他相信这支经过严格训练的兵勇，一定不同于其他军队，能早日带来胜利的捷报。

关闸战后，英军放出谣言说什么时候要攻前山，又说什么时候要攻香山，甚至说马上就要攻击虎门了。不少县、营官弁惊魂未定，纷纷请求增派兵力，关天培也主张调回师船，防守虎门。。

林则徐冷静地分析了局势，对关天培说："此乃借题于虎门，实以挑战于关闸也。鸱张至此，岂尚可以姑容？"

关天培说："如此，则更应于各关口拥兵严防之。"

林则徐却坚决反对在敌人长驱突入、气焰嚣张的情况下，株守待兔，他对关天培说："于此时，守固为重要，然主动出击，捕机交锋，以挫敌之锋芒，乱敌之布阵，亦是必行之战法也。"

关天培经过冷静地思考之后，立即领悟了林则徐的战术想法，很痛快地说道："此即以攻为守之术耳！"

两人很快达成统一，即刻将师船派出，寻敌攻击。恰在此时，林则徐接到怡良来信，获悉道光帝下了一道"仍当示以镇静，不事张皇"的谕旨，由军机处廷寄到粤，这也没有使他改变主意，在答复怡良的信中，他坚定地说："承准廷寄，仍重在镇静一层，然我欲静而彼不静，则亦势难坐镇！"他异常焦灼地等候水师出击的捷报。

水师出洋之后，接连四日，未见敌人踪迹。师船集结于金星门，而英舰则已经窜往磨刀洋。25日，林则徐接到探报："九洲夷船、火轮又络绎至磨刀洋聚泊。"他估计："想系汉奸送信，以此间有船往磨刀之敌。"这时，他又接到大鹏营报告：东路发现英舰三只。为了保证首战告捷，他决定先打不备之敌，下令将水师暂时撤回虎门待命，另派师船五只、红单船十只东去会合平海、大鹏两营水师，迎头探击在东路游弋的三只英舰，以寄希望于先一举歼灭这一小股敌舰。

由于水师的出洋，近日以来，英船在澳门、前山等处再无出入动静，取得了"稍压夷氛"的效果，使林则徐与敌海战的决心更为坚定。28日，调回水师驶入沙角待命，只差赴援前山的拖船二十五只尚未赶到。根据英舰聚结磨刀洋的情况，林则徐和关天培制订了水师合剿英军于磨刀洋的方案。这一天，他们来到沙角海口，进行战前动员，鼓励各船兵勇整队出洋，探踪迎击敌舰。水师官兵和各路水勇，斗志昂扬，专等拖船一回，立即连夜乘潮东去。

林则徐对这一军事行动寄以很大希望，他写信对怡良说："察看此去情形，似有慷慨激昂之气，得手与否，惟唯视此一举矣！……总求磨刀一捷，始可稍开抑塞之胸耳。"

31日卯刻，出洋水师在冷水角瞭见英军火轮船一只驶入龙鼓海面，当即派出兵勇乘坐快艇和拖风船，跟踪追击，英军火轮船腰部被我炮火击中，即刻逃去。不久，接到探报，龙穴西南海面发现英舰一艘，其东又有英舰四艘，舢板船五只，水师遂转舵直趋龙穴。申刻，水师追至矶石洋上，与英舰遭遇，双方展开炮战。马辰指挥的师船，首先拢近英船"架历"号，连开三千斤铜炮两门，将其头鼻打坏，英军纷纷喊嚷，滚跌落海。"架历"号炮弹用尽，仅放空炮。水师官兵正欲向前将该舰夺获，其余英舰慌忙拼死赶来救援，师船只好舍去"架历"号，翻身回击。战斗到天黑，"架历"号乘师船回击他舰之隙，随潮南窜。

这次海战，英军受创较重，仅渔船捞获的，就有油缆三节，长二丈余，帆杠一根，长九尺余，还有起碇推舵所有的转轴二个。英军被击毙的有数十人，据引水探报，在磨刀山根埋葬的尸体，便有大副一名，炮手三名，水兵十一名。

9月1日，把总黄者华亲自从矶石洋赶回广州，向林则徐报捷。林则徐深感水师和水勇联合演习后的第一次战斗，"众船会攻一船；既得胜仗而不能将船夺获，殊为可惜"！正是由于这一点，他认为此役"祇系小挫其锋，尚未大获胜仗"，没有立即由驿驰奏，到9日才和关闸接仗情形一起奏报。

关闸和矶石之战，是鸦片战争爆发以来广东战场上的两次主要战斗。中国官兵和武装的抗英群众——乡勇、水勇，虽然没有取得赫赫战功，但它雄辩地说明：中国尽管在定海战场上败北，但在抵抗派指挥、有广大群众支持和密切配合的广东战场上，能够，也已经抗击了凶暴的英军，为捍卫祖国的独立做出了贡献。如果定海官吏能够像林则徐已经做到的那样，利用广大人民群众的抗英积极性，认真备战，不断改进军队素质和军事技术，数量不多的英军就会牢牢地被牵制和分割在各个战场上，绝不可能横冲直撞，为所欲为。

可是，战争的发展并非如此。林则徐没有料到，懿律也没有想到，定海的一场小战竟使英国轻易地获得了廉价的"胜利"！

英军窜犯定海的消息，是在7月20日传到北京的。当天，道光帝下令福建提督余步云带兵驰援。24日，定海失陷的奏报到京，道光帝当即下令革除乌尔恭额和浙江提督祝廷彪的职务，暂留本任，戴罪图功；又令邓廷桢派福建舟师赴浙会剿英军。8月3日，谕令琦善：英舰倘至天津求通贸易，断不能据情转奏，并备战相机剿办。6日，派两江总督伊里布为钦差大臣，办理浙江事务，以刘韵珂为浙江巡抚。

道光帝慌忙调兵遣将，心中对战事的成败，却已毫无把握。他严厉斥责浙江地方官吏"张皇失措""形同木偶"，"事前既无准备，临事复觉张皇"等，实际上是自身惊慌失态的写照。

反禁烟派本来对林则徐的使粤禁烟，早就抱着站在岸上看翻船的态度，这时更是站在高枝上说风凉话，造谣说：

"夷兵之来，系由禁烟而起。

"上年广东缴烟，（林则徐）先许买价，而后负约，以致激变。

"林则徐为急着邀功，上年于缴烟时强以囚禁英人，英人故而生怒，时图雪耻而来矣。"

道光帝对林则徐的信任发生了动摇，在派伊里布赴浙查办时，还特别指示他要密行查访"招致英寇来犯根由"和"启衅实情"。

浙江以北沿海各省官僚，对林则徐关于英军进犯的咨告和道光帝的谕令，本来都是阳奉阴违，迁延塞责，有关海疆修备事宜，诸多持权负命的大吏将员们，竟然没有一个人商议过，甚至连想都没想过！这些地方毫无战备准备的情形和定海的情况一样。据官方的奏报，江苏军队"从未闻有讲求训练一语"，水师"额数既少，兵技尤疏"，"其寡弱更甚于浙江"。山东"水路弁兵，于数千斤大炮尚未练习，仓猝试放，多不应手"。直隶沿海炮台失修，旧存铁炮，"大半刷膛锈损，多不堪用"。天津是京师的门户，城内守兵约止六百余名，海口防兵亦止二百余名；山海关"本无存炮"，废弃炮位中有几尊勉强可以蒸洗备用，尚系前明之物。奉天（今辽宁）海防也极为空虚，旅顺仅有兵丁六百名，水手一百名，"即调到各城官兵，止能守岸"，"至旅顺迤东，卡伦兵数无多"，几乎就等于没有设防……

定海失陷的消息传来，沿海督抚害怕失事受斥，群起攻击林则徐的"肇衅"，合声高唱起"议和"的论调。

道光帝害怕战火蔓延天津，于8月9日下令驰往天津"筹防"的直隶总督琦善："如该夷船驶至海口，果无桀骜情形，不必遽行开枪开炮。倘有投递禀帖情事，无论夷字汉字，即将原禀进呈"。

11日，懿律、义律、伯麦等率英舰进泊大沽口拦江以外，派武装汽船"马打牙士加"号驶近口岸投书，并要求购买食物。琦善即派督标后营游击罗应鳌登船，收取咨会（内容系要求派官员来船接受转递照会公文）和帕麦斯顿照会中国宰相书印刷副本一件。琦善答应"俟奉谕旨后，再行遵办"，约定于17日前回信，并将懿律来件驰送北京，听候道光帝训令。

琦善生怕得罪英军，藉词滋衅，立即满口答应为英军代买所需的一切食物。

13日，道光帝谕令琦善"委员查问接收"。琦善奉旨后，即于15日派守备白含章前往英舰"威里士厘"号，懿律交付给帕麦斯顿致中国宰相书原函和汉文译本，并要求清廷即派钦差大臣赴英舰或沿海便当港口面会定议。白含章是琦善的一个心腹，竭尽卑躬屈膝之能事，通过翻译努力地把总督琦善对英人的好感、琦善亟切希望和平解决的愿望向英国侵略者头目懿律做了表白，并答应琦善完全可以代表朝廷议定，于十天内就送回答复的"善意"。懿律见琦善的态度与福建、浙江所遇到的显有不同，当即欣然接受琦善的请求，表示要驶离五六日，再回来收取复文。

17日，琦善将英国公文上奏进呈。在附片中，他根据白含章登上英舰"威里士厘"号的见闻，夸大张扬英军的船坚炮利，说什么：英舰至大者，"舱中分设三层，逐层有炮百余位"，"其每层前后，又各设有大炮，约重七八千斤"。在另片中，他报告英舰欲驶离大沽口"觅地纳凉"，"其意非欲诱臣撤防，即图另觅码头，不可不益加防范"。琦善的用意虽未明言，但很清楚地可以看出有两层意思：一为天津一旦失防预留下推卸战败责任的余地；二是促使不谙外情的道光帝下定议和的决心，避免自己卷入战争的漩涡，保住高官厚禄。

琦善奏片递到北京，道光帝果然大为震惊。他想象这批一船就有炮三四百门的"英夷"，果真在銮辇脚下占了码头，"天朝上国"的尊威将何堪设想？前些时候听到的谗言使他大为心动，深恨林则徐禁烟"启衅"，惹出"激变"，不待伊里布查访"启衅实情"的奏章到来，便完全采纳主和派的意见。

道光帝决定用重治林则徐以求得换取英军退兵的交涉方针，下旨琦善明白晓谕懿律：

上年林则徐等查禁烟土，未能仰体大公至正之意，以致受人欺蒙，措置失当。兹所求昭雪之冤，大皇帝早有所闻，必当逐细明查，重治其罪。现已派钦差大臣驰至广东，秉公查办，定能代申冤抑。该统率懿律等，着即返棹南返，听候办理可也。

道光同时还向懿律明确表示："至将来钦差至广东查办，即派琦善前往。"

21日，林则徐、怡良上报续获鸦片人犯、烟土烟具实数的奏折到京，道光帝在折上大加批斥："外而断绝通商，并未断绝；内而查拿犯法，亦不能净，无非空言搪塞，不但终无实济，反生出许多波澜，思之曷胜愤懑！看汝以何词对朕也！"

接着，道光帝又连降两旨，谕令琦善："随机应变，上不可以失国体，下不可以开边衅"；"详细开导，总须折服其心，办理方为得手"。

琦善对道光帝的两道谕旨立即心领神会，马上就不遗余力紧急施行起妥协政策。英军在等候清廷答复期间，乘舰分头窜往奉天长兴岛、直隶涧河、山东砣矶岛等处，抢劫和购买食物、淡水，至27日，方再次齐集于大沽口外。

28日，琦善派白含章前往英舰递次照会，请义律登岸会谈。

第二天，又派人送去二十头牛、二百只羊和许多鸡鸭，犒劳英军。

与此同时，义律和马礼逊来到大沽口南岸，与琦善和白含章在事先特设的帐篷里会谈。在两天的会谈中，义律以开仗相威胁，逼琦善全盘接受英国提出的条款。

琦善口口声声答应："定以重治林则徐，以代英人申白冤抑。"

会谈结束于8月30日，琦善当即就把奉命请英军南返，在广州会谈，一定"秉公查办"林则徐的意旨写成照会，由义律带交给懿律决定。9月1日，懿律、义律复照琦善，坚持英国提出的各项勒索条件。琦善立即答应马上就奏闻请旨后回复。4日，道光帝下旨琦善，要他随机应变，用许其通商作为取消赔偿烟价等的交换条件，设法劝说英军退兵。琦善派白含章携带照会前往英舰，向懿律等表示，如同意南返粤东，则中国钦派大臣到粤会谈，"必能使贵统帅有以登复贵国王，即所称贵统领事前被屈抑之处，于此亦可昭雪"。

懿律考虑到"季节已经太晚，湾中不能进行有充分而有适当效果的攻势，加上岸上部队和舰中水手间流行的病疫，在春季之前，采取任何积极的敌对行动，是不聪明的。因此，他改变了策略，于15日复文琦善，同意返回广州谈判，并向白含章表示，英舰先赴定海，后回广东，"如沿海各处不开枪炮"，"决不滋生事端"。又称："所求各条，未奉允准明文，既须俟回粤听候查办，则定海各处兵船未能即撤。"白含章对懿律的条件一一点头答应。懿律于是满意地率英舰起碇南下。

道光帝接到琦善关于英军南返的奏报，顿感"朕心嘉悦之至"，当即降旨，派琦善为钦差大臣，迅速来京请训，驰驿前赴广东查办事件，并飞谕沿海各省督抚，英船经过，不必开放枪炮。18日，林则徐关于择日出洋剿办英军的奏报到京，道光帝下旨严切指责林则徐"恐以粤东办理不善，归咎于该督，故作此举，先占地步。所谓欲盖弥彰，可称偾（败）兵也"。

道光帝态度陡然转变，主和派在朝廷中完全得势。为了替赴粤议和活动打开坦途，琦善在20日上奏道光帝，放肆吹嘘英军的船坚炮利，中国断难决胜，造谣攻击闽、粤等省军民击破的英船，"本非兵船"，英军之所以不攻广东，是"广东商民与该夷通气者多，固不欲肆其扰害，未必尽畏该省之防范"，千方百计地诬陷林则徐、邓廷桢。在另片中，他奏请将"颇能曲合事机"的白含章，以守备尽先升用，带赴广东，作为他的帮手。道光帝对琦善所陈当然完全相信，对其所请无不依从。28日，道光帝下旨，谴责林则徐禁烟抗英，"内而奸民犯法，不能净尽，外而兴贩来源，并未断绝"，"办理终无实绩，转致别生事端，误国病民，莫此为甚"，将林则徐、邓廷桢交部严加议处，林则徐即行来京听

虎门要塞

候部议，两广总督由琦善署理，琦善未到任以前，由怡良暂行护理。29日，下令沿海各省将军督抚，将前调防守各官兵，分别应留应撤，妥为办理。琦善自天津赶回北京听训后，于10月3日离京赴粤。同一天，道光帝以"误国病民，办理不善"的"罪名"，下旨将林则徐、邓廷桢革职，并命林则徐折回，邓廷桢从福建前赴广东，以备查问原委。

林则徐在军事上没有被英军的炮舰所打败，却实实在在地在政治上被主和派的谗言打倒了。

9月14日夜，林则徐接阅抚辕折差刚刚自京带回的邸抄和京中友人来信，知道英舰"至天津递呈，琦善奏入，奉旨准其呈诉，并将公文等件进呈"。他心情十分沉重，担忧时局"若以一着之差，致成满盘之错，如何维挽耶"。在第二天写给怡良的信中，他满怀感慨地写道："……此事措置之方，实关大局。贱子于一身荣辱祸福，早不敢计，只求无伤国体，可儆后来，微躯顶踵捐縻，亦所不惜！至船炮乃不可不造之件，今读邸报，更切心寒。贱性不识时宜，恐不免续上辞官表以陈此一节耳……"

朝廷允准英军"呈诉"，不准筹计制船造炮，其用心十分显然，林则徐怎能不心寒呢？但他没有斤斤计较个人的荣辱祸福，他打定主意，在不得不上表辞官的同时，也要"不识时宜"地力陈制船造炮的抗敌主张。18日夜，林则徐接到8月21日道光帝"以何词对朕"的批折。他当即致书怡良说："此次仰蒙严谕，本在意中，然实专为徐一人而发，恐此后更有重于此者。林不敢不懔天威，亦不敢认罪戾，唯事之本来，诚不得不明白上陈耳。"

他预感抗战局面已经严重恶化，个人的政治生命将被主和派葬送，他不敢不服从道光帝的处置，但也不甘心默认禁烟抗英是"罪戾"，不愿削弱眼前的抗英斗争。

这时，他觉得"似又不得不从速矣"。也在同一天，有人抄得"夷呈"（疑即帕麦斯顿致中国宰相书）一纸送给他，林则徐第一次了解到英方攻击他的大体内容。20日，"又觅得一折稿"，虽然"抄写之脱漏讹舛，不可枚举"，他总算第一次了解到琦善是怎样和英国侵略者一唱一和，在禁烟问题上强加给他一些什么莫须有的"罪名"。

林则徐用了两个晚上的时间写作折稿。他一面自请处分，"从重治罪，以儆无能"，一面写了密陈夷务不能歇手的附片，大胆地陈述自己的抗英主张。他针对主和派对禁烟运动的诬蔑和攻击，尖锐地指出：

"鸦片之为害，甚于洪水猛兽，即尧舜在今日，亦不能不为驱除。圣人执法惩奸，实为天下万世计，而天下万世之人亦断无以鸦片为不必禁之理！他在奏折中驳斥了所谓"夷兵之来，系由禁烟而起"的谬论，理直气壮地认为：

"彼（英国）之以鸦片入内地者，早已包藏祸心，鸦片来则以渐而致寇，原属意计中事！对待英军的进犯，"自当以威服叛"，"设法羁縻"（即议和妥协）的做法是危险的，"万一毒邪内伏，诚恐患在养痈。"

作为抵御外国侵略的长久之计，他建议，"以通夷之银量为防夷之用"，从粤海关收入的税银中抽出一部分来制船造炮，改变军事技术和装备远远落后于英国的状况。"从此制炮必求极利，造船必求极坚"，藉以保卫海防，"裨益实非浅鲜矣"。

他还含义深远地警告说："抑知夷性无厌，得一步又进一步，若使威不能克，即恐患无已时，且他国效尤，更不可不虑"。

林则徐以"苟有裨国家，虽顶踵捐糜，亦不敢自惜"的爱国激情，呕心沥血写下的这个附片，是他领导广东禁烟抗英运动的经验结晶。从这里，我们可以清楚地看出，"为天下万世计"，即维护中华民族的长远利益，是林则徐优先考虑和孜孜不倦地为之奋斗的目标。他横眉冷对主和派的责难和打击，始终对外国侵略者充满旺盛的斗志，保持着警惕。他盼望祖国独立富强，有一支强大的国防力量。在中华民族面临陷入殖民地、半殖民地黑暗深渊的危难关头，林则徐的抗英思想和行动，是中国社会民族矛盾上升为社会主要矛盾的反映，是中华民族反抗外国侵略的意志的体现。正因为林则徐代表了正义，代表了进步，主和派的诬陷之词、道光帝强加的所谓"误国病民"的"罪名"，在这个附片里被驳斥得淋漓尽致，入木三分，谁是谁非，昭然若揭！

奏折和附片于24日拜发后，林则徐仍专心一意地加强广东的防务。他在日记中记述着：29日，"午后赴箭道校射"。30日，"清晨出往小北门永康炮台演放炮位"。同日，他还决定拨调海珠炮台四五千斤大炮于次日运往虎门，加强虎门炮台的火力。10月1日，林则徐从廷寄中得知"英逆前赴天津递呈，经直隶总督琦善代为转奏，已准其赴粤叩关，并奉旨以琦善为钦差大臣来粤查办事件。"

林则徐以非常冷静的心情对待这一事态发展，为了不致让坏人利用这个消息破坏抗英的防务，稳定局势和军心，在将廷寄送怡良阅看时，特地嘱咐说："适才奉到之件，竟不可宣露。缘官兵无不意存私心，闻此恰中下怀，而包藏祸心者，更难保其不乘虚思逞，所关甚巨。"

7日，林则徐在病中接到道光帝"欲盖弥彰，可称借兵"的指责，并要他迅速驰奏水师出洋后接仗情形。他烦愤异常："此时欲奏，则无可奏，不奏，又不敢恝然置之。"

他强忍住心头的郁愤，于当晚开始提笔作复折，详细说明广东抗英战略从"以守为战"向"出洋剿办"转变的理由，指出：在英国发动侵略战争以前，英国侵略者"不过迁延不去，尚无猖獗情形"，"臣以师船若远出驱逐，恐外洋或有疏虞，不如以守为战、以逸待劳，为计之得"，"因而奏请不与海上交锋，欲令穷而自返"。但英军挑起战火，攻陷定海之后，情况大不相同，"是逆情显著，凡有血气，靡不愤切同仇"。而且这时，广东水师经过整顿，军事素质有所提高，"所添雇之拖风、红单等船，炮械、军火适已备齐，而所团练之水勇，技艺亦熟于前，冀足以助舟师声势"，所以才决定水师出洋剿办。这份奏折，以摆事实的方式，婉转地反驳了道光帝"前后自相矛盾"的谴责。

然而，道光帝以重治林则徐、邓廷桢来换取英军退兵的议和方针早已决定，林则徐的申辩只是枉然的。就在这份奏折拜发后两天，即13日，林则徐从怡良口中得知两广总督之缺已有更动，因为怡良刚刚接到9月29日道光帝谕令沿海督抚分别留撤防兵的廷寄，"外封写'护两广总督怡开拆'字样"。但在吏部正式公文到达之前，他仍坚持职守。17日，林则徐与豫坤、怡良等同往黄埔察看夷船情况。18日，与专程从虎门返省的关天培商议战守。19日，武乡试开考，早晨到校场监考骑马与射击。

20日，林则徐接到吏部公文："奉谕旨交部严加议处，来京听候部议，以直督琦署广督，其未到之前，以巡抚怡暂行护理"。

当天，林则徐交卸总督、盐政两篆，移送怡良。

林则徐被黜，"宦局旋更"，"夷务改换局面"。抵抗派和人民群众联合抗英的形势被彻底破坏了。消息传开，爱国官兵、士绅和抗英群众都极为震惊和愤慨。林则徐交卸督篆后，凡抚军以下之文员武将都来看望他，并在抚督为他举行了"公饯"。爱国士绅、商人和群众，纷纷赶置靴、伞、香炉、明镜和颂牌，为林则徐送行，以致多日之中来钦差行辕看望的铺户居民们都堵塞了街衢巷道。人们在五十二面颂牌上写下"民沾其惠，夷畏其威""勋留东粤，泽遍南天""公忠体国""清正宜民""烟销瘴海""风靖炎州""德敷五岭""威慑重洋"的赞词，表示他们对林则徐领导禁烟抗英斗争的拥护、支持和对他无理被黜的同情、惋惜……

快要离开广州了。紧张激烈的禁烟抗英斗争，把林则徐的心身和广州的名字紧紧地联结在一起，他是多么的留恋啊！蒙受不白之冤，林则徐感到莫大的耻辱，他抱着忠君的观念坐受惩罚，在行动上没有反抗，也不能反抗。

但是，他对主和派误国的憎恨和不满仅仅是深藏心底，而没有被消磨泯灭。当时，人们非议他不识时务，固执己见，引火烧身，落个被黜的结果。在写给房师沈维矫的一封信中，林则徐胸襟坦荡地说："则徐行一切事，从不敢固执己见！"

林则徐并没有因为国家民族争斗遭致无过被黜而后悔。林则徐高尚的民族气节，也不会因被诬罢黜而受到丝毫毁损！他用一腔爱国的赤诚之血，在中华民族近代史册上，第一次写下了一行血红的大字：中国人民是不可欺侮的！

 ## 山河含恨

10月25日，林则徐整理行装，准备第二天起程赴京听候处置，当晚却收到圣旨，将他革去官职，但是又要他暂且留守广东。于是，林则徐即刻将行李搬出了衙门，移到高第街连阳盐务公所居住。"居庙堂之高则忧其君，处江湖之远则忧其民"，林则徐就是这样，他并没有因为个人的荣辱得失而消极沮丧，相反，他仍然密切地关注着海上的敌情和广东的防务，冷静地观察着时局的发展变化，积极地向怡良献计献策，努力维护广东健康的抗战局面。

这时，怡良面临的第一件事就是奉旨撤兵。但是，他迟迟不敢下定决心。在侵略者大兵压境的危急时刻，他又岂能自毁长城呢？最后，经过与林则徐反复斟酌，他才不得不万分悲痛地撤兵两千。

在这国难当头的危急时刻，人民冲在了斗争的最前线，他们以各种形式展开抗英斗争。特别是浙江定海的百姓，他们在国破家亡的情况下，纷纷怀着满腔的仇恨，实行坚壁清野，把敌人围困在空荡荡的县城之中。同时，他们还坚决打击那些无耻的汉奸买办，彻底斩断了英军的食品供应。于是，狗急跳墙的英国侵略者便四处掳掠，疯狂抢劫食品和财物。1840年9月15日，当英舰"凤鸢"号正在浙江慈溪观海卫的内河上进行测量时，附近愤怒的村民不约而同地一起上前围攻，当场就击毙了七个侵略者，并活捉了六人。第二天早上，"凤鸢"号英军不但不接受教训，反而更加猖狂，光天化日之下，他们竟然抢夺过往的中国盐船。当地百姓怒不可遏，他们在巡检李凝宇和绅士沈贞的率领下奋起抗争，并生擒了二十四名英军士兵。就在同一天，定海青岭岙附近村民包祖才等人用锄头和鱼叉又伏击了上山测绘的英军上尉安突德一伙，而且还将安突德生擒活捉，押往宁波。9月18日，英军少将得忌刺士乘小船在慈溪沿海一带从事间谍活动，闻讯赶来的当地渔民很快又将其俘虏。在浙江人民的坚持斗争下，定海英军的处境日益艰难，他们就像丧家犬一样，惶惶不可终日。

不久以后，义律率英军主力从大沽返回，并即刻前往镇海索要俘虏。浙江巡抚伊里布是一个和琦善一模一样的卖国贼，他不但满口答应了对方的要求，还派家人张喜带着鸡鸭牛羊等礼品，去定海的英船上"犒师"。

11月6日，伊里布出卖国家利益，与英国侵略者签订了浙江停战协定，向英军作出了不再进攻定海的承诺，从而从根本上解除了侵略者的后顾之忧。于是，英军便肆无忌惮地大举南下，进攻广东。从11月13日至11月17日，仅仅五天，他们疯狂作案九起，先后抢去了十几条中国盐船和漕船。尤其可恨的是，11月9日夜，广东水师"阳右六号"米艇遇滩搁浅，英舰发现后趁机开炮轰击，而船上官兵却不敢违令还击，只好屈

辱地跳海逃生。

英国侵略者的暴行激起了关天培及广东水师全体将士的极大愤慨，他们纷纷向怡良请战。得知这一消息后，林则徐立即向怡良建议，要他灵活而明确地向道光帝报告事实真相，争取获得正当防卫的自主权。

11月20日，懿律带领英国船队主力，抵达澳门海面。次日，"女王"号英舰耀武扬威地来到虎门，递送伊里布写给琦善的公函，并通知琦善英方全体谈判代表已经到达广东。在陈连升的指挥下，沙角炮台守军开炮将其轰走，广州军民顿时为之振奋不已，澳门、大鹏营等水陆官兵也纷纷请战。怡良命令关天培，只要敌人胆敢来犯，就开炮还击。然而林则徐却非常冷静，他急忙提醒怡良，千万不可在琦善到来之前贸然与英军交战，因为那样会更容易成为琦善打击抵抗派的借口。他建议各路官兵当前应该加强戒备，严格防范。当然，这样做并非是对英国侵略者妥协让步，而是为了同投降派更加有力地做斗争。毫无疑问，这一策略在当时虽然是一种痛苦的选择，但它不失为一种明智之举，所以怡良最终也心悦诚服地表示接受。

11月29日，琦善以钦差大臣兼两广总督的双重身份来到了广州。为了讨好英国侵略者，他一下车就要处斩镇守沙角炮台的陈连升，向英军谢罪，但由于军心不服，而不得不收回成命。接着他又派张殿之、白含章、鲍鹏作为代表前往英舰赔礼道歉，承认错误，并亲自起草文稿，命令水师官兵不准擅自向英军开枪放炮。这个卖国贼把林则徐原先招募的数千名水勇通通解散，并下令拆除横档、大角、沙角一带的海防设施。这不仅使林则徐几年来的心血瞬间毁于一旦，而且还使英军在日后的海战中长驱直入，横行无忌。

琦善十分仇视人民群众，对于人民的抗英积极性更是万分恼火。他不但不加以鼓励，反而还污蔑他们是一群"汉奸"。当有人向他报告敌情时，他竟然火冒三丈地骂说"我不似林总督，以天朝大吏，终日刺探外洋情事", 批评林则徐堂堂天朝官员, 整天却净做些无聊的琐事。

这样一个倒行逆施的民族败类, 人人都恨不得将其生吞活剥, 而那些侵略者却大加赞赏, 称他是"一个精明的廷臣, 一位圆滑和很有修养的人", 是"谦恭的和有绅士风度的", "他知道自身的弱点, 以及战胜我们兵力的斗争是不可能的事", 他"具有比林则徐更深奥的头脑, 更能洞察未来, 把握即将来临的事情的征兆"。

就在琦善上任的第一天, 义律向登船赔礼道歉的张殿之等人正式提出了议和的十四项条件, 其中包括赔还烟价、赔偿军费、割地、开放口岸、在北京建立英国使馆、领事裁判权以及自由传教等, 并威胁说如果胆敢有一条不服从, 他们就即刻发兵攻打虎门、香山等地。根据多年的侵华经验, 义律其实早已吃透了琦善的求和心理, 又目睹了他裁撤水勇、撤除海防的一系列举动, 便使出其软硬兼施的惯用伎俩, 一边陈兵珠江口, 吓唬琦善, 一边假惺惺地做出一些让步。经过一番翻来覆去的讨价还价之后, 琦善最终答应赔偿烟价六百万元, 但是对于将广州、厦门和定海辟为通商口岸, 以及允许英军驻扎香港等条件, 他也不敢擅作主张, 所以迟迟不予答复。义律却迫不及待地要签订条约, 他一再发出战争恐吓, 逼迫琦善就范。广东的形势更加恶化了, 但琦善却视而不见, 他仍然一意孤行地寻求议和之路, 非但不采取积极的备战措施、加强防备力量, 相反却派人送牛羊水米去犒劳英军, 甚至当林则徐主动来向他建议造船铸炮加强战备时, 他也根本不予理会。

1841年1月7日上午8时, 义律正式下令英军对虎门发起进攻。战斗打响后, 英军陆战队由汉奸带领从穿鼻湾登陆, 首先抢占了沙角炮台的后山, 利用有利地形来夹击清军, 英国军舰则从海上正面猛轰炮台。在千总黎志安的率领下, 驻守大角炮台的水师官兵奋起还击, 但坚持没多久, 炮台前后的炮墙就被英军炸塌了几段, 炮耳也被打断了六位, 继而

林则徐纪念币

火药库又中弹起火。清军见大势已去，只好悲痛地把幸存的十四门大炮推落海中，然后突围而去。

攻破大角炮台后，英军合力猛攻沙角炮台。这时，守台官兵仅有六百人，而且腹背受敌。他们在陈连升的指挥下顽强抵抗，视死如归。无奈武器陈旧，又加上寡不敌众，他们最终还是没能挡住敌人的猛烈攻势。经过一天的血战，炮台最后被迫沦陷敌手。陈连升父子及张清龄等将士全都血洒疆场，为国捐躯。

消息传来，林则徐的心情十分沉痛，他在日记中记述了陈连升等爱国官兵的英勇事迹，同时为广州未来的安危深感担忧。因此，他毅然决定和邓廷桢一起给琦善写信，表达自己强烈的抗战要求。但是，可恶的琦善却以"无法商量"四个字就轻描淡写地把他俩给打发了。

占据大角和沙角之后，英国侵略者更加猖狂了。1月8日，义律派人到虎门向关天培蛮横地提出了四条无理要求：

一、英军已经占领的沙角划归英国官员管理，作为贸易办公用地；

二、将广州开埠通商，并且相关事务都去沙角办理；

三、一切进出口货物均在沙角集散；

四、所有在建的炮台都必须立即停工，且不得另外再做防备工作。

这时，英国侵略者派兵围困虎门炮台，破坏了江面上的第一道木排铁链，并扬言要攻打广州。关天培等人深知敌众我寡，连夜派人向琦善请求支援。经过广东文武官员的再三恳求，琦善仅同意调拨两百人前往。绝望透顶的关天培只能派人到林则徐面前哭诉实情，但此时此刻林

则徐又能如何呢？虽然满腔义愤，却苦于回天乏术，所以他只有劝慰对方"即一时不能伸冤，后世也有记载"，告诉关天培，千秋功过后人自有评说，那些投降派永远也逃脱不了历史的惩罚。

此后，从1月11日至1月16日，琦善派鲍鹏前往英舰与义律反复谈判，并且几乎全盘接受了侵略者的所有条件。1月20日，义律便发出公告，单方面宣布自己和中国钦差大臣已经签订了初步协定，这就是所谓的《穿鼻草约》，其中主要包括以下四项内容：

一、割让香港岛给英国；

二、赔偿英国政府六百万元；

三、两国平等交往；

四、广州应于中国新年后十日内开埠通商。

同一天，琦善得意扬扬地向道光帝报喜邀功。他想自己这回退敌有功，前程必然是无可限量。谁知，第二天早晨，他并没有如愿以偿，相反却遭到了当头棒喝。在圣旨中，道光帝不仅表示要对英军"大加挞伐"，而且还明确地告诉琦善，自己不同意将厦门和福州开辟为通商口岸，也不同意偿还烟价。他警告琦善，今后务必要与林则徐和邓廷桢共同办理"夷务"。可是，江山易改，本性难移，琦善又怎么可能会背离其投降主义路线呢？自1月25日至1月27日，他频繁地奔赴莲花城与义律"幽会"，并最终同侵略者做成了丧权辱国的幕后交易。2月1日，义律就在香港到处张贴告示，无耻地宣布正式占领了这个地方。

消息传来，林则徐忧心如焚。他多方奔走，最后成功地说服了怡良，同意上奏揭发琦善的卖国罪行。林则徐还广泛发动广东爱国士民，同琦善进行斗争。这一系列行动及时地遏止了琦善进一步的卖国活动，吓得他始终不敢在卖国条约上签字。

尽管如此，琦善的投降政策却已经给广东防务造成了灭顶之灾，军心不稳，士气涣散，广东危在旦夕。为了筹划海防，尽可能地扭转不利局面，林则徐向怡良提出了以下五条建议：

一、将圣旨公之于众，打击琦善的嚣张气焰，鼓舞民心，激励士气；

二、张贴告示，招抚汉奸，分化瓦解敌人；

三、宣布奖励措施，重奖官兵和群众的抗英行为；

四、购置器械，加强内河防务；

五、积极联系澳门当局，争取外交支持。

之后，林则徐和邓廷桢一起去查看内河河道，并建议加强白泥河防御工事。但是，这一切都太晚了，穷凶极恶的侵略者不会给他们丝毫的喘息机会。2月23日，英军乘船冲进三江口。他们破坏了江中的木排铁链，施放火箭烧毁了附近的民房和盐署。2月25日，十八艘英国军舰一举突破虎门要塞，并于次日凌晨向湖面各个炮台发起全面进攻。清军在副将庆宇和达邦阿的指挥下坚决反击，但激战了一个多小时后，横档和永安两座炮台皆因弹尽人亡而陷于敌手。这时，岛上只剩下十几位受伤的清兵，他们誓死不向敌人投降，当英军凶神恶煞般地蜂拥而上时，他们集体跳进了水井中。

此后，英军集中火力，扑向靖远、威远和镇远三座炮台。关天培、麦廷章指挥官兵沉着应战，同侵略者展开殊死搏斗。激战中，有八门大炮炮身发红爆炸。鏖战至下午四点左右，我守军阵亡大半，弹药消耗殆尽，三座炮台先后失守。英军趁机冲入炮台，关天培、麦廷章挥舞钢刀，与英军肉搏，两人身中数枪，壮烈地为国捐躯。

消息传来后，林则徐悲痛欲绝。他奋笔疾书，为关天培、麦廷章撰写了一副挽联：

六载固金汤，问何人忽坏长城，孤注空教躬尽瘁。

双忠同坎壈，闻异类亦钦伟节，归魂相送面如生。

攻破虎门后，英军溯珠江而上，直扑广州。2月27日，英军进攻乌涌炮台。这里本有许多沙船和水师船，还有一艘由林则徐购置的"甘米力治"号改装而成的战船"截杀"号，临江炮台也已安放了四十多门大炮，但是，由于军心涣散，加上仓促设防，整个队伍毫无战斗力，乌涌炮台很快就失守了。

3月1日和3月2日，英军又先后攻占了琶州炮台和猎德炮台，兵锋直指广州城。3月3日，惊恐万状的琦善急忙派余保纯到黄埔向英军求和。

林则徐坚决反对这种投降行径，他决定亲自拿钱雇壮丁去同敌人作战。3月4日，他亲往福潮会馆招兵买马。在林则徐的爱国行为感召下，广州各界人士纷纷行动起来，他们有钱的出钱，有力的出力，齐心协力，保家卫国。但是，由于武器弹药严重匮乏，所以在对敌斗争中，他们经常处于被动挨打的不利局面。林则徐寝食难安，他日夜思索，苦苦寻觅着破敌妙方。

这一天早晨，浓雾笼罩着海面，英舰又来偷袭广州了。当舰艇驶近虎门时，他们发现海面上到处都是清军的红缨笠在飘动。"发现清军水兵，枪炮手准备射击！"英军指挥官兴奋得高声喊叫。红缨笠渐渐地靠近了敌舰。"瞄准红缨笠，预备，放！"喊声刚落，敌军枪炮齐鸣，水花四溅。一阵浓烟过后，海面上突然出现了无数只黄蜂，一起向英舰飞去，蜇得英军"哇哇"大叫，那个英军指挥官也被蜇得鼻青脸肿。他们急忙掉转船头，落荒而逃。

海上哪来的这么多黄蜂？原来，这是林则徐布下的"尿壶阵"。他命人把尿壶里装满黄蜂，封住壶口，并罩上清军的红缨笠，伪装成水军，等退潮时放出海面。没想到，英军果然上当。洋鬼子吃了哑巴亏，恼羞成怒。

第二天，他们一个个穿上皮衣，戴上手套，罩上面具，气势汹汹地再度来犯。等他们驶近虎门时，却发现海上又漂浮着无数个尿壶。他们

忍不住哈哈大笑："东亚病夫，能有多少头脑？"英军指挥官立刻下令把所有尿壶捞上来，用火把黄蜂烧死。士兵们把尿壶一个个钩上船，点火烧了起来。没想到，只听得"轰！轰！轰！"几声，英舰上竟然发生了剧烈的爆炸，直炸得那些侵略者死的死，伤的伤，抱头鼠窜，哭爹喊娘。一些侥幸逃脱的英军士兵慌忙驾船溜之大吉。原来，这一次尿壶里装的不是黄蜂，而是炸药！

就在此时，参赞大臣杨芳奉旨来到广州。3月12日，道光帝下旨将琦善押解进京，又将其家产充公。杨芳的到来使林则徐仿佛又看到一线希望，但他没有想到，杨芳同样只是一个永远扶不起来的阿斗。到了广州之后，一听说英军将要攻城，杨芳早就被吓得魂不附体，却故作镇静，装出一副胸有成竹的样子。他命人去买来一些马桶，然后就忙着扎草人，建道场，做法事。这种荒唐行为果真能抵挡英军吗？当然不能！所以，广州的局势非但没有好转，反而更加危险了。3月14日，英军进犯香山。3月16日，英军又虎视眈眈地陈兵大黄沼。

3月19日，义律突然主动要求休战，恢复通商。对此，杨芳当然是求之不得，所以他毫不犹豫地接受了这一要求。后来，人们才知道这是义律的一箭双雕之计，他假借休兵之名，一边派人去印度请求援兵，一边又趁机帮助英商倾销货物。3月21日，英军退出广州，人们迎来了短暂的和平。此时此刻，杨芳本可以从容地布置防务，加强战备，但是这个跳梁小丑却坐失良机，通宵达旦地花天酒地，还纵容手下奸淫掳掠，无恶不作。这种荒淫腐败的行径令林则徐万分失望和愤怒，然而为了广东人民，林则徐依旧宵衣旰食，殚精竭虑，源源不断地向怡良提供谋略。

4月10日，正当林则徐极度绝望的时候，靖逆将军奕山突然来信约他去共商抗英大计。在他的那颗犹如一潭死水的心里，又重新泛起了希望的涟漪。于是，林则徐立即和邓廷桢一起前往，与奕山等人相

林则徐用过的马车

见。他满以为这下自己总算找到了知音，所以就满腔热忱地向新任两广总督祁𡎴提供建议。谁知对方也是胆小如鼠、懦弱无能之辈，他根本就没有点滴的抗英热情，而是随手一扔，把林则徐所写的建议抛在了一边。

4月14日，奕山抵达广州。林则徐呕心沥血，写出了一篇《答奕将军防御粤省六条》。在这份防御计划里，他详细地叙述了虎门沦陷后我军的兵力部署以及各地的武力配备情况，又根据当时的实际情况，向奕山献上六条具体的防御措施：

一、堵塞内河河道，严防河口要塞；

二、清查水师各部的武器装备情况，征集船只，安置炮位，调整防务；

三、演验大小炮位，赶制船只和大炮，做好战斗准备；

四、整理火攻船，挑选水勇，明确赏罚制度；

五、筹办外洋战船，在此之前，做好相关的应急措施；

六、严查敌情，缉拿汉奸。

这是鸦片战争中一篇极其重要的军事论著，它全面地阐述了抗英战争中战与守的辩证关系，充分体现了林则徐积极防御的战略思想，是林则徐长期斗争实践的经验总结。这是一份被实践证明是行之有效的作战纲领，它倾注了林则徐的满腔热情。然而，古来圣贤皆寂寞，命运再一次作弄了这个世纪伟人。懦弱无能的奕山不仅断然拒绝了林则徐的抗英计划，甚至还提出"防民甚于防寇"的反动方针，并同琦善一样把抗英群众全都看做是"汉奸"和"无赖之徒"。

　　至此，林则徐几年来辛辛苦苦积累的一点抗英基业就这样被一群昏庸腐朽、卖国求荣的君臣给彻底葬送了。他欲哭无泪，欲诉无门；"欲将心事付瑶琴，知音少，弦断有谁听？"广东污浊的空气压得他几乎透不过气来，茫茫黑夜何时才是尽头？此时此刻，他的心情极其苦闷，正如他自己在诗中所描绘的那样：

　　　　　病骨悲残岁，归心落暮潮。

　　　　　正闻烽火急，休道海门遥。

　　　　　蜃市连云幻，鲸涛挟雨骄。

　　　　　旧惭持汉节，才薄负中朝。

　　　　　此涕谁为设？多惭父老情。

　　　　　长红花尽褒，大白酒先倾。

　　　　　早悟鸡虫失，毋劳燕蝠争。

　　　　　君看沧海使，频岁几回更？

第五章

革职流放

1841年，道光帝下旨将林则徐、邓廷桢革去官职，流放伊犁。不久，裕谦从江苏回到了镇江，正与老朋友畅谈抗英大业的时候，这道圣旨来到了镇江军营。裕谦顿时惊呆了，他因为好友的悲惨遭遇而痛心不已，也因为朝廷奸臣当道、善恶不分而义愤填膺！然而，林则徐却镇定自若，坦然面对这一沉重的打击，默默地收拾行囊。

浙江前线

随着英国侵略者对华侵略的步步深入，清政府内部的抵抗派官员也日益不满于琦善之流的投降政策。

1841年1月9日，户部官员万启心勇敢地上书道光帝，请求起用林则徐和邓廷桢。1月11日，周春祺也紧跟着奏请起用林则徐。2月7日，闽浙总督颜伯焘和浙江巡抚刘韵珂又再次联袂上书，推荐林则徐、邓廷桢分别去负责镇海和宁波的防务。与此同时，抵抗派纷纷上奏，谴责投降派的卖国行径。2月12日，唐鉴上书怒斥琦善在天津、广东两地的卖国罪行。

两江总督裕谦也多次上奏，反对伊里布的贪生怕死、苟且偷安，而且他还当着道光帝的面痛快淋漓地大骂琦善"罪大恶极"。

裕谦，原名裕泰，蒙古镶黄旗人。他是清朝开国功臣后裔，先辈都是清廷重用的武将。他虽承袭诚勇公的禄位，却是进士出身，历任文职。1834年至1836年间，裕谦任江苏按察使，和林则徐结识共事，过从往来，引为知交。此后多年未晤，却保持了书信联系。林则徐与在江苏的长子林汝舟往返的家信，不少是通过裕谦官封递送的。在猜忌、排斥汉族官员的清朝官场上，他和林则徐的这种关系，算是很难得的了。特别是他锐意主战，和林则徐政见相同，在满族、蒙古族贵族当中，更是凤毛麟角、首屈一指的抵抗派人物。

林则徐对于裕谦，素来尊重，在反侵略战争中，更是肝胆相照。从林则徐亲笔抄录并大加圈点的裕谦参劾琦善折片，我们完全可以想象到削职滞居羊城、历遭琦善排斥、打击的林则徐，对老朋友理直气壮怒斥

琦善，一吐他心中的隐衷，是如何忍奈不住激动、兴奋的激情的。

此时此刻，道光帝其实已经渐渐认识到了英国侵略者的贪得无厌，他清楚地知道林则徐和邓廷桢的抗英行为已深入人心，也知道琦善和伊里布等人的腐败无能。但是，他却不得不一错再错，明知自己犯错，却不敢否定自己当初给林则徐定罪的决定，不允许臣民对自己至高无上的权威产生丝毫的动摇，只能选择一错到底。然而，毕竟只有林则徐等人才能真正肩负起领导抗英斗争的重任，所以道光帝不可能将他们斩尽杀绝。

于是，1841年5月1日，林则徐迎来了一道圣旨，命令他即刻动身赴浙江前线。5月3日，他恋恋不舍地告别了广东的父老乡亲，满怀惆怅地结束了那里的战斗生活。

有一天，他途经清远县的飞来寺，于是就上山游览，观赏飞瀑。面对祖国的壮丽河山，再想想两年来的不幸遭遇，他情不自禁地吟出一联：

孤舟转峡惊前梦，绝蹬飞泉鉴此心！

一路上，他并没有因为自己所受到的屈辱而黯然神伤，而是满怀希望地日夜兼程赶赴新的战斗岗位。路途上，他不忘注意搜集信息，了解前线的情况。

1841年6月10日，林则徐到达浙江镇海，并立即投入到紧张的工作之中。下车伊始，他就给好友冯柳东写信，请他帮忙收集资料，研究铸炮方法。第二天，他来到招宝山，亲自查阅山海形势，查看炮位安放和试炮情况。经过与时任浙江巡抚刘韵珂的反复研究，他们决定在招宝山和金鸡山上的海岸处，铲平地基，修筑土堡，安放大炮，并用沙袋加固炮台，以防敌炮轰击。在这两座山之间的海面上，他们妥善地安排了一些防护措施。为了使新建炮台更适合战斗需要，林则徐还多次登上金鸡山勘察地形，并和余姚县知县汪仲洋一起乘船从海上观察形势。第三天，林则徐又马不停蹄地赶到镇海炮局，并把自己从广东带来的《炮书》交给他们参考。

为了尽快制造出符合抗英需要的大炮，林则徐认真钻研各种火炮的铸造技术，还亲自跑到宁波天一阁去查阅那里的藏书。

虎门销化鸦片纪念碑

在全体工作人员的通力合作下，他们终于在6月21日首次成功地铸成一门八千斤的大铁炮。这种新式大炮可以旋转轰击，威力更大。它安放在一个磨盘上，磨盘下面的炮架由于安装了四个轮子，可以前后推拉，四面转动，所以使用起来比四轮炮车更加方便。

林则徐还积极参加研制战船，并协助汪仲洋和龚振麟陆续造出了安南战船和车轮战船。后来，当英国火轮船"复仇女神"号进犯镇海时，他们发现了中国人制造的这种"类似蹼轮的机械"。这使骄傲的英国侵略者大吃一惊，他们这样记载道："（它）有两根硬木制成的长轴，直径约十二尺，附着蹼轮；还有一些结实的木制嵌齿轮近于完工，这些是打算在船内由人力操作的。虽然它们还没有安装到船上，但是中国人这种首次尝试的独创才能，不由得令人钦佩，因为远在北方的镇海，只有在以前我们占领舟山时，他们才可能看到我们偶然在这个岛上逗留的轮船。"九个月之后，五艘新造的车轮战船还参加了著名的吴淞口海战。

就在这时，南国广东已发生了翻天覆地的巨大变化。1841年5月21日，靖逆将军奕山得知乌涌一带有英舰出没，在没有做好充分准备的情况下，他就贸然决定像林则徐那样出奇制胜去火攻英舰。傍晚时分，他们兵分三路，出城埋伏，等到半夜时就放起火来。第二天清晨，他们却万分沮丧地发现虽然敌人损失了几只舢板船，但是停泊在珠江两岸的民船也被误烧了一大片。这种东施效颦的行为，不仅得不偿失，反而为英国侵略者提供了良好的战争借口。

5月21日，英军大举反扑。他们派三艘战舰进攻西炮台，一只火轮船攻打滘城。驻守西炮台的清军一触即溃，守将刘大忠更是如丧家之犬，刚听到炮声，就溜之大吉了，丢下的两百多条战船全被英军一把火烧得干干净净。

5月23日，英军分兵攻打东、西炮台和天字码头等地，并纵火焚烧了城外的民房。5月24日和5月25日，英军几乎兵不血刃地轻易扫清了通往广州的道路。于是，5月26日，他们居高临下，从越秀山上的四方炮台架炮轰击。这时，奕山早就被吓得半死了，他急忙令手下高高竖起了白旗。

与此同时，在广州城内的东门校场上却正在同步上演着另一幕丑陋的武打剧：一群南海兵和另一群湖南兵正在那里为了一点小事互相厮杀斗狠。人们不禁纳闷，这些官兵一个个看起来仿佛是凶神恶煞一般，但为什么一见到英国侵略者，顿时就变成了可怜的丧家犬呢？

5月27日，奕山派余保纯出城向英军投降，并签订了可耻的《广州和约》，它主要规定：

一、向英军缴纳赎城费六百万银元；

二、所有外省清军一律退出广州城外六十里。

广州战役失败后，道光帝和奕山等一干群臣不但没有及时检讨得失，还卑鄙无耻地将战败的罪责强加到林则徐和邓廷桢的身上。但是，这种自欺欺人的丑行又怎么能迷惑人民雪亮的眼睛呢？结果他们又弄巧成拙，搬起石头砸了自己的脚。当时的中国人民已经开始抛开幻想，走上探索救国救民的道路了。远方，仿佛依稀传来了隆隆的雷声。冬天已经到了，春天还会远吗？

抵抗派虽然遭到了英军沉重的打击，但是广州人民并没有被敌人吓倒。面对英国侵略者的令人发指的暴行，广州城北的三元里人民揭竿而起，他们高举"义兵"和"义民"的旗帜，手持刀棍和铁锹，在牛栏岗迎头痛击入侵的敌人。"三元里前声若雷，千众万众同时来"，三元里人民的抗英斗争再一次向世界郑重宣告：中国人民是不可侮的！

漫漫西行路

1841年6月25日，道光帝下旨将林则徐、邓廷桢革去官职，流放伊犁。7月13日，裕谦从江苏回到了镇江。久旱逢甘雨，他乡遇故知。正当两个老朋友畅谈抗英大业的时候，这道圣旨却来到了镇江军营。裕谦顿时惊呆了，他为好友的悲惨遭遇而痛心不已，也为朝廷奸臣当道、善恶不分而义愤填膺！然而，林则徐却镇定自若，坦然面对这一沉重的打击。英雄末路，自古皆然，生活在那个时代的林则徐，注定要沦为道光帝玩弄政治权术的牺牲品。当时就有人作诗，一语道破了道光帝的心思：

极边风雪惨孤臣，

犹忆烟销粤海深。

未肯和戎乖国体，

只应长作出疆人。

1841年7月14日，林则徐乘船从镇海起程，7月抵达杭州，见到了好友张珍桌。十年前，张珍桌也被贬谪新疆，当时曾画了一幅《梦月听诗图》。如今相见，林则徐百感交集，于是他挥笔为此画题写了一首诗。

在该诗的最后四句中，他满怀凄凉地写道：

> 诗梦俄惊梁月坠，
>
> 边心遥逐塞云愁。
>
> 谁知卷里濡毫客，
>
> 垂老凭君问戍楼！

同时，林则徐向张珍桌询问了西北边疆的许多事情，最后在临别之际，林则徐又赋诗答谢杭州的亲朋好友，他写道：

> 唱彻阳关万里秋，借书还为说三州。
>
> 几人绝域逢青眼，前途归程羡黑头。
>
> 不信玉门成畏道，欲倾珠海洗边愁。
>
> 临歧极目仍南望，蜃气连云正结楼。
>
> 惜别群公各感秋，酒痕襟上话杭州。
>
> 传书大欲效黄耳，瞻屋乌难挽白头。
>
> 相关莫贻临贺累，有心都寄夜郎愁。
>
> 追谈往事还西笑，多少羁臣出节楼。

8月初，林则徐途经苏州，顾湘舟为他画像留念。之后，他来到镇江，见到了好友魏源。林则徐亲手把《四洲志》及相关资料交给了魏源，希望他将来能写出一部系统介绍西方情况的作品。后来，魏源果然不负众望，鸦片战争刚刚结束时，他就创作出一部闻名中外的巨著——《海国图志》，并提出了"师夷长技以制夷"的伟大思想。依依惜别之际，魏源强忍悲痛，作诗相送：

万感苍茫日，相逢一语无。

风雷憎蠖屈，岁月笑龙屠。

方术三年艾，河山两戒图。

乘槎天上事，商略到鸥凫。

聚散凭今夕，欢愁并一身。

与君宵对榻，三度雨翻萍。

去国桃千树，忧时突再薪。

不辞京口月，肝胆醉轮囷。

魏源真不愧是林则徐的知己，他最了解林则徐的爱国思想，也最能体会林则徐向西方学习的伟大智慧。对于好友的蒙冤去职，他无法用言语来安慰对方，只好借助诗歌来表达自己的深情厚谊。同时，他还提醒林则徐将来一定要加强西北边防，谨防沙俄的侵略。林则徐接受了他的思想，在晚年时，他就曾振聋发聩地大声疾呼："终为中国患者，其俄罗斯乎！"

几天后，林则徐来到了扬州。他把自己精心收藏的《炮书》交给朋友，请他们代为刊印，供人们在铸造大炮时参考。

抗英有罪，报国无门，奔腾的黄河也发怒了。1841年8月2日，黄河又从开封西北冲破了堤坝，滚滚洪流，一泻千里，受灾区域遍及河南、安徽的二十三个州县。尤其是开封，惊涛骇浪，满城洪流，"鸿雁哀声流野外，鱼龙骄舞到城头"。对此，河南巡抚牛鉴束手无策，只能坐以待毙。河道总督文冲上书，请求把开封举城搬迁，而知府邹鸣鹤却坚决不同意迁城。最后，道光帝不得不委派军机大臣王鼎前去主持治水工作。由于王鼎素无治水经验，且与林则徐私交甚厚，所以接到圣旨后，他便立即以林则徐精通治河为由，奏请道光帝调林则徐回来为其效力，协助其办理河务。于是，8月19日，林则徐在扬州奉旨而返。他昼夜兼程赶到开封的祥符工地上一看，只见白茫茫的一片汪洋，哀鸿遍野，惨不忍睹。顿时，忧国忧民之情油然而生：

> 谁输决塞宣房费，
> 况值军储仰屋愁。
> 江海澄清定何日？
> 忧时频倚仲宣楼。

王鼎对治河缺乏经验，而他知道林则徐是当时众所周知的治河专家，所以他对林则徐十分倚重，事事都找其商量。林则徐也深知治河工程刻不容缓，他积极建议王鼎，首先要利用秋天少雨的大好时机，抓紧组织两岸百姓，赶筑三道挑水坝。这一建议立即得到了王鼎的支持。为了早日竣工，林则徐追随王鼎，日夜驻守在堤坝上，督察工程，与大家同甘共苦。可惜，如今的林则徐与当年他在江苏时所处的环境已大不相同了。作为一个戴罪立功的人，他没有任何的决策权。而那些贪官污吏们整日都在暗地里盘算着如何借机大发横财，想尽一切办法制造种种障碍，故意拖延工程的进度，阻挠工程的顺利进行。这些贪官们故意散布流言蜚语，恶意地诽谤林则徐，尽管如此，林则徐始终以国事为重，完全不计较个人的得失，甚至当自己病情日益严重的时候，他仍坚持带病工作，早出晚归，日夜奔波在工地上，正所谓"肝胆披沥通幽明，亿兆命重身家轻"。

1842年3月18日，在王鼎的通力配合下，林则徐克服了种种困难，终于胜利地完成了治水工程。王鼎相当清楚林则徐的功劳，因此工程结束后他立即上书，奏请道光帝让林则徐将功赎罪，不要再流放伊犁了。但是，谁也没有想到，正当大家在治河竣工的庆功宴上举杯畅饮时，道光帝却下了一道圣旨，仍然将林则徐发配新疆。满座文武大臣顿时涕泪交加，他们深深为林则徐的悲惨遭遇而感到愤愤不平。林则徐却泰然自若，"宠辱不惊，看庭前花开花落；去留无意，望天上云卷云舒"。他知道该来的迟早总是要来的，因为此时浙江前线已经全线崩溃，清廷必将重压抵抗派。既然如此，那就干脆让暴风雨来得更猛烈些吧！

于是，他匆匆收拾行李，从祥符工地起程西行。王鼎拉着林则徐的手相送了一程又一程，还是依依不舍。林则徐也感慨万千，他当即赋诗两首，以答谢王鼎的知遇之恩：

其 一

辛瞻巨手挽银河，休为羁臣怅荷戈！

精卫原知填海误，蚊虻早愧负山多。

西行有梦随丹漆，东望何人问斧柯？

塞马未堪论得失，相公且莫涕滂沱！

其 二

元老忧时鬓已霜，吾衰亦感发苍苍。

余生岂惜投豺虎？群策当思制犬羊！

人事如棋浑不定，君恩每饭总难忘。

公身幸保千钧重，宝剑还期赐上方！

对于投降派的种种倒行逆施，当时的一切正义之士无不切齿痛恨，林则徐的老师沈鼎甫从北京写信来鼓励自己的学生，并斥骂专营弄权的穆彰阿开门揖盗、祸国殃民。王鼎从开封回到北京以后，把穆彰阿痛骂了一顿，并极力向道光帝推荐林则徐。太常寺卿唐鉴也同样奋不顾身地向朝廷举荐林则徐。林则徐的学生赵云汀还邀集了许多同门的师兄弟，提前守候在恩师西行的途中，为老师鸣冤叫屈。然而，这一切全都无济于事，道光帝早已铁了心，如果不把林则徐和邓廷桢这些抵抗派彻底地打压下去，他是绝不会善罢甘休的！

可笑的是，严酷的现实却一下子就粉碎了这群投降派的美好幻想，英国侵略者永远是欲壑难填的，他们并非如琦善所说的那样，仅仅是希望严惩林则徐，为自己申述冤屈，也不是为了所谓的真正的友好通商。他们之所以兴师动众、大动干戈，其真正的阴谋是为了侵占中国的领土，勒索更多的特权，最终彻底打开广袤的中国市场，那样不但可以为他们发展资本主义经济掠夺和积累必要的、可耻的第一桶金，而且也可以把中国变为他们将来发展经济的原料产地和商品销售市场。于是，1841年4月21日，英国政府召开内阁会议，召回义律，任命亨利·璞鼎查为新的全权公使。5月31日，帕麦斯顿向璞鼎查发出训令，命令用武力重新占领定海，然后重开谈判，迫使清政府答应英国的全部要求。

8月21日，璞鼎查与新任侵华远征军总司令兼海军司令巴尔克率领的十四艘舰艇和两千五百名英国侵略者从香港起程，扑向厦门。厦门守军被迫奋勇还击，但是在英军猛烈的炮火攻击下，白石炮台最终还是沦陷了。英军便强行登陆，占领了镇北关。8月26日，英军攻陷了厦门，他们大肆烧杀掠夺，无恶不作，激起了当地人民的强烈反抗，厦门附近的群众也纷纷组织团练来武装自卫。

9月25日，英军大举进犯定海。9月29日，他们攻占乌龟岩（又称五奎岛），并在此安放了大炮。9月30日，英舰从吉祥门攻打黄港浦。10月1日，英军兵分二路，一路从乌龟岩正面进攻，一路从东面炮击关山炮台，而主力部队则从西面进攻晓峰岭。镇守晓峰岭的是寿春镇总兵王锡朋，他率领八百名清军奋力抵抗，战斗异常惨烈。最后他的左腿被英军的炮火打断了，但是他仍然指挥作战，坚决与阵地共存亡。经过六个昼夜的血战，定海再次沦陷，总兵葛云飞、王锡朋、郑国鸿等人全部战死沙场。

10月10日，英军紧接着又进攻镇海。他们一路攻打金鸡山，守将谢朝恩中弹身亡；另一路则猛攻招宝山，守将余步云望风而逃，还恬不知耻地为自己辩解说："敌人还没有开炮，我何必留守？"之后，英军在金鸡山和招宝山上架炮俯攻镇海城。裕谦亲自登城，率兵反击，但孤城难守，英军很快就攻破了城门，一拥而入。裕谦誓死不投降，当敌人疯狂扑过来时，他投水身亡，以身殉职。

10月12日，英军疯狂地扑向宁波。守城官兵还没等敌人来到，就早已逃之夭夭。于是，英军又轻而易举地占领了宁波。浙江连失三城，引起了清廷的极大震动。道光帝也慌了手脚，他被迫派"扬威将军"奕经率军剿敌。10月18日，惯于纸上谈兵的奕经贸然分兵三路反攻定海、镇江、宁波三城，本想在世人面前扬名立威，谁知老天爷并不愿意眷顾这种鲁莽的行为，结果三路大军全部大败而归。于是，奕经一路狂奔，逃到了杭州。从此以后，道光帝被敌人吓破了胆，惶惶不可终日，他仿佛是变了一个人似的，再也不敢以天朝上国去自吹自擂了。

林则徐得知前线战斗失利的消息，当时就惊呆了，泪水夺眶而出。他为裕谦等人的壮烈捐躯而悲痛万分，更为国土沦陷、百姓遭殃而痛心疾首。他多么渴望自己能够重返前线为国效力啊！但是，他知道这只能是一个不切实际的幻想。1842年5月，林则徐抵达西安后，就一病不起，不得不请假暂留西安养病。

林则徐在西安一躺就是两个多月，他一面治病疗养，一面购置车马物品，准备随时奉旨出关。因为他的夫人病重多时，林则徐就留下大儿子林汝舟陪夫人在西安养病，自己则准备在8月6号起程前往伊犁。谁知偏偏又赶上了西安大雨，道路难行，林则徐只好将行程暂缓几日。然而，意外的滞留却加大了开支，西行万里的食宿费用顿时就成了难题。这时，福州有一位姓苏的富户，自愿出白银万两资助，以表示对林公的敬仰之情，但林则徐坚辞不受。后来，直到对方迫不得已答应收下林家的房契做抵押时，他才接受了这笔急需的银两。

在此期间，他利用给好友苏廷玉回信的时机，系统地阐述了自己的抗英主张。广东两年的斗争实践使他深刻地认识到，只有改变军事技术的落后状态，才能改变被动挨打的局面，从而有效地抵御敌人的入侵。为此，他不仅反复强调造船铸炮、建立海军的重要性，还结合当前的斗争实际，建议先购置大炮，雇用民船，发动群众来保卫海疆。其实，这并不是林则徐海战思想的第一次表述，早在祥符工地的时候，他在给吴子序的回信中就已经明确表达了自己的这种观点。在信中，他还不忘提醒当地的各级官员一定要加强战备，又委托陕西布政使朱士达将自己在扬州主持刊印的《炮书》转送陕西抚标中军参将马辅相，希望他们能造出新式大炮。这种赤诚的报国之心和强烈的爱国之情真是动人心魄，催人泪下。

1842年8月11日，大病初愈的林则徐告别了妻子，重新踏上了坎坷的西行之路。临别时，他又赋诗一首劝慰妻子：

出门一笑莫心衰，浩荡襟怀到处开。

时实难从无过立，达官非自有生来。

风涛回首空三岛，尘壤从头数九垓。

休信儿童轻薄语，嗤他赵老送灯台。

力微任重久神疲，再竭衰庸定不支。

苟利国家生死以，岂因祸福避趋之。

谪居正是君恩厚，养拙刚于戍卒宜。

戏与山妻谈故事，试吟断送老头皮。

在这首诗中，林则徐劝慰夫人说虽然他即将远行，奔赴艰苦的环境，但是无论如何，他都将乐观旷达。如果对国家有利的事情，哪怕是赴汤蹈火，他也会在所不辞，不能有祸就躲避，有福就迎头接受。一句"苟利国家生死以，岂因祸福避趋之"，成为林则徐生平最爱诵读的句子，也是他一生的座右铭，充分体现了他高尚的爱国情操。

由此可见，面对不公正的待遇，林则徐并没有绝望，他镇静坦然、慷慨悲歌，明确表达了自己为了国家利益可以将生死置之度外，绝不因为一己之利而趋福避祸，已完全把个人的荣辱得失置之度外。所以，如果说以前人们只是敬佩林则徐在国难当头时挺身而出、力挽狂澜的惊世之举，那么现在，人们则更敬佩他在遭贬流放的极端逆境中，依然把国家和民族利益看得高于一切的崇高使命感。

林则徐一行出西安城后，乘舟渡过渭河，抵达咸阳。从咸阳经过今天的礼泉，又到达乾县。这天夜里，大雨如注，这位心情惆怅的诗人久久不能入睡，于是不由自主地吟出了一首诗：

> 欲眠不眠夜漏水，得过且过寒虫号。
>
> 肝肠赖尔出芒角，俯仰笑人随桔槔。

人生多变，身世沉浮，就如同那提水的桔槔一般上下起伏。这时，长子林汝舟已相伴远行了五日，就要回西安了。8月16日，林则徐写下了一首《舟儿送过数程，犹不忍别，诗以示之》，表达了父亲对儿子殷切的教导和希望。

林则徐仿佛是一轮斜阳，从人们的视野中慢慢地消失了。行到兰州时，他听说英国侵略者已经暂停军事行动，江南议和又开始了。此时，他还不知道清政府早已屈膝投降，同侵略者签订了丧权辱国的《南京条约》。但是，他相信英国侵略者一向是得寸进尺的，其贪得无厌的本性永远也不会改变，所以他作诗告诫人们务必要提防侵略者的狼子野心：

昨枉琼瑶杂，驰情到雪山。

投荒非我独，寻梦为君还。

但祝中原靖，奚辞绝塞艰。

只身万里外，休戚总相关。

9月8日，在甘肃布政使程德润为他举行的饯行会上，林则徐又即席赋诗一首，再次提醒人们一定要时刻提高警惕，谨防英国侵略者步步深入地蚕食中国：

我无长策靖蛮氛，愧说楼船练水军。

闻道狼贪今渐戢，须防蚕食念犹纷！

白头合对天山雪，赤手谁摩岭海云？

多谢新友赠珠玉，难禁伤别杜司勋。

9月11日，林则徐离开兰州，好友陈德培一路相伴。9月19日，他俩抵达凉州。在同乡郭柏荫那里小住了数日后，9月26日，他们又从凉州起程，陈德培一直相送到城外的四十里铺，才不得不与林则徐洒泪而别。林则徐感慨万千，当即赋诗一首，以表达对友人的诚挚谢意：

小丑跳梁谁殄灭，中原揽辔望澄清。

关山万里残宵梦，犹听江水战鼓声。

10月9日，林则徐来到了肃州。在这里，他高兴万分地收到了邓廷桢从伊犁寄来的一封信。这一对志同道合的老朋友终于又能够见面了。林则徐忍不住又提起笔来，以诗言志，再度抒发了自己高尚的爱国情怀：

其 一

与公踪迹斳从骖，绝塞仍期促膝谈。

他日韩非惭共传，即令弥勒笑同龛。

扬沙翰海行犹滞，啮雪穹庐味早谙。

知是旷怀能作达，只愁烽火照江南！

其 二

公此鲰生长十年，鬓须犹喜未皤然。

细书想见眸双炯，故纸难抛手一编。

傍屋先教烦次道，携儿也许学斜川。

中原果得销金革，两叟何妨老戍边。

　　此后，林则徐继续西行。由于年迈多病，一路上他忍受了种种令人难以想象的痛苦。尤其是从安西州西行进入新疆后，黄沙弥漫，道路坎坷，林则徐备受身心的双重煎熬。望着漫天风雪，他百感交集，觉得眼前这漫天飞舞的雪花，跟中原变幻莫测的时局是多么的相像呀！于是，满腔的诗意顿时油然而生：

积素迷天路渺漫，蹒跚败履独禁寒。

埋余马耳尖仍在，洒到乌头白恐难。

空望奇军来李愬，有谁穷巷访袁安？

松篁挫抑何从问，缟带银杯满眼看。

　　从那震耳欲聋的乱石声中，林则徐隐隐约约地听到了大漠那边灾难深重的祖国正在深情地召唤自己，所以他又满怀凄凉地写道：

沙砾当途太不平，劳薪顽铁日交争。

车箱簸似箕中粟，愁听隆隆乱石声。

1842年12月10日，林则徐历经十六个月的艰辛跋涉，终于走完了悲凉的西行之路，拖着残躯病体来到地处西北边疆的伊犁惠远城。

边城伊犁

伊犁，我国著名的边边陲重镇。天山南北路，包括巴尔喀什湖以东以南和帕米尔高原的广大地区，由驻节此地的伊犁将军所统辖。西陲边界的另一侧，便是自清初以来对中国领土虎视眈眈的沙皇俄国，还有浩罕等中亚的封建汗国。对于清代的戍边而言，这里具有相当重要的战略地位。雄踞天山东麓一带的戈壁沙漠，广阔无垠，沙飞似浪，"瀚海苍茫一望迷"。可是到了这里，却是另一派风光：地势平坦，婉如白莽中原；霜封树条，好似满目瑶林。

林则徐到达惠远城的当天，邓廷桢、庆辰等人赶到前路迎接，陪同进城。他首先向伊犁将军布彦泰、参赞大臣庆昌报到，然后来到坐落在南街鼓楼前的东边第二条巷——宽巷，把行李安顿在该巷内的一座房屋。这房子便是邓廷桢通过庆辰帮助觅定的寓所，房东固山达（伊舒亭）答应借出，已经代为裱糊，并略备桌椅数件。这是一所当地的普通民房，屋里的炕占去了大半面积，林则徐是南方人，对这种居所并不习惯，但他没有计较。略为收拾停当，但出门拜会官员。

伊犁将军布彦泰和参赞大臣庆昌，对林则徐颇为尊重，第二天就送

伊犁惠远林则徐戍所

林则徐

来了米、面、羊肉、鸡、鸭等，林则徐对他们的印象很好，他称布彦泰"人材儒雅，公事亦甚明练"，庆昌"其人一味老实"。

布彦泰派给林则徐的差使，是掌管粮饷处。粮饷处是专管钱粮分发和年终造册报销的机构。林则徐决心为戍边事业多做一些好事，但是，由于长途跋涉，又不适应当地气候，他的身体十分虚弱，经常感冒咳嗽，还常流鼻血。

布彦泰关照他，让他安心调养。他自己却深感内疚。

林则徐征得房东的同意，依照原本的生活习惯拆炕改造了住屋。到戍之前，本来议定要交房租，这时房东却表示坚决不收，这使林则徐十分过意不去，每逢过节，他都要给房东送点礼物。为了减轻疾病带来的精神负担，林则徐还经常和流放在这里的老友邓廷桢、前东河河道总督文冲以及当地的官员，或赋诗论事，或观看弈棋，以娱心目。林则徐早年善弈，但在革职以后，他才有较多的时间弈棋或观棋。他的棋术高明，在伊犁偶尔下了几次，竟遇不到强手。

养病期间，林则徐密切关注国事。他经常向布彦泰借阅邸抄，和关内的故友、家人保持通信联系，并在书信中畅述自己对时局的看法。

在伊犁，他也不忘了解广东的战事，得知奕山、奕经、文蔚、牛鉴、余步云等人都被问罪。当然，他们是罪有应得，但林则徐在某种意义上也同情他们。在林则徐看来，国事的危难实际上是道光帝自己翻来覆去一手造成的，把疆臣大吏当作替罪羊，于大局是无补的。忽战忽和，忽和忽战，旨意不可捉摸，臣工们祸福莫测，又有谁能够真心实意挑起挽救时局的责任？林则徐的这种同情，是由同是主持抗英战事的大臣、同样获谴的遭遇而发的。

林则徐首要关心的是朝廷和战的动向。他从亲友的来信中，清楚地了解到，腐朽不堪的朝中大僚们十分惧怕战争会损害到他们的生命财产，"夏秋江南告警，天津戒严，都中大老竟赴平谷县置屋，徙其妻孥，以其地距京都百五十里，四围皆山隘，足以避兵也"，"人人如此居心，而使夷艘至天津，则北京必不可问矣"。主和的空气弥漫朝廷，穆彰阿的气焰十分嚣张，江浙每次一吃败仗，他就对左右说："怎么样，不出我的所料吧？"

1843年初，琦善重被起用，同年四月下旬，"赏三品顶戴，授热河都统"。从友人来信中，他明白琦善的东山再起，完全是穆彰阿暗中支持的结果。

当时朝中的一些正直大臣，未尝不为起用林则徐而力争。军机大臣、户部尚书祁寯藻，经常想施以援手，却无由启齿，因为他在内阁中位列第四，不好首倡一主张。

时任直隶总督的讷尔经额是主和派，曾经私下说："总要等到琦善先翻身，林则徐才有希望，此时众人正在援助琦善，不能不先此而后彼也。"

林则徐获悉这些消息，内心的悲郁愤懑是可以想见的。

《南京条约》签订后，中国社会的发展进程开始了新的转折。清廷逐渐起复主和派，而不宽恕林、邓，力求避免刺激英国，维持"民夷相安"的苟且局面。林则徐把时局和宋代相类比，"每阅宋时岁币之输，窃为之废书三叹也"。从历史上的亡国之痛，联想到强敌深入、国土日蹙的现实，林则徐心情凄怆，夜不能寐。

主和派大行其道，林则徐对结束放逐生活的前景并不乐观，但边塞的天寒地冻，也禁不住他爱国情思的驰骋。他经常和放逐在这里的邓廷桢、文冲聚会谈心，偶尔也与将军、参赞、领队等官员讨论时事，提供咨询。伊犁将军布彦泰经过月余的交往，从内心里对林则徐心悦诚服，不仅在生

活上给予照顾，而且进一步让林则徐参与军政要务的磋商。林则徐参予商讨的第一件具有重要意义的大事，就是力争保留伊犁镇总兵建制。

伊犁镇总兵设于1761年，"专理屯田和操防等事"。1778年时，有屯兵三千，携眷驻扎，以一千八百名种地，一千二百名当差，随时操演，是西北边防部署的重要一环。林则徐到伊犁之前，道光帝却准备将伊犁镇总兵的建制撤销，同时加强京津的守卫。

布彦泰请来林则徐和邓廷桢，共同商议这件事，共同草拟上奏的稿件。

后来，布彦泰在奏折中坚决恳求保留伊犁镇总兵，建议改撤西安镇总兵移置天津。他认为，近年来边疆地区的形势与从前迥不相同，如果裁官减弁，必然引起国内外的揣测，影响边境的安全。再说，该镇兵丁以耕种糊口，俱各安土重迁，势难骤予裁移，不敢迁就目前，致贻后患。这些观点都是他与林则徐、邓廷桢商拟的意见。

此折上后，道光帝改变了初衷，同意保留伊犁镇总兵的建制。

有一天，正是苏轼的诞辰，邓廷桢邀请将军、参赞、领队、总戎和

伊犁惠远钟鼓楼

林则徐、文冲来寓所集会，赋诗纪念。苏轼曾被贬谪海南，心襟旷达，且以"天其以我为箕子，要使此意留要荒"自励。"要荒"就是边远之地的意思。林则徐作七古一章，唱出"谪居一生过也得，公语旷达诚吾师"，"要荒天遣作箕子，此意足壮羁臣羁"的激越诗句。

他想象：

> 公神肯来古伊丽，白鹿可驾青牛骑。
>
> 冰岭之冰雪山雪，如见堂堂出峨嵋。
>
> 长松尘洗鹤意远，真有番乐来龟兹。
>
> 请向望河楼头横笛吹，公在空中一笑掀鬈髭！

林则徐对自己的所作所为并没有后悔，怀念的仍是自己无力报效的危难的祖国。

天涯孤影

1843年1月29日，正值农历除夕。在这万家团圆的欢聚时刻，林则徐的心情特别激动，回首往事，历历在目，然而最让他牵肠挂肚的还是自己灾难深重的祖国。他只能将这种炽热的爱国情怀全部写入自己的诗歌当中：

> 流光代谢岁应除，天亦无心判菀枯。
>
> 裂碎肝肠怜爆竹，借栖门户笑桃符。
>
> 新幡彩胜如争奋，晚节冰柯也不孤。
>
> 正是中原薪胆日，谁能高枕醉屠苏？

转眼间，冬去春来。"碧玉妆成一树高，万条垂下绿丝绦。不知细叶谁裁出，二月春风似剪刀"，边城到处呈现出一派春意盎然、生机勃勃的景象。暮春时节，林则徐和邓廷桢相伴去绥定城看花。美丽的边塞风光时时激发着林则徐对祖国山河的热爱之情，他诗情澎湃，诗意飞扬，写了一首《金缕曲》：

绝塞春犹媚。看芳郊、清漪漾碧，新芜铺翠。一骑穿尘鞭影瘦，夹道绿杨烟腻。听陌上、黄鹂声碎。杏雨梨云纷满树，更频婆、新染朝霞醉。联袂去，漫游戏。

谪居权作探花使。忍轻抛、韶光九十，番风廿四。寒玉未消冰岭雪，毳幕偏闻花气。算修了、边城春禊。怨绿愁红成底事，任花开花谢皆天意。休问讯，春归未。

不久，在广州禁烟时一起风雨同舟的好友豫堃也被贬来到了伊犁。这时，林则徐才渐渐得知中原大地上早已发生了沧海桑田的变化。

1842年8月29日，清政府同英国侵略者握手言欢，他们在南京城下签订了丧权辱国的《南京条约》。割地、赔款、开商埠、协定关税，中国东南门户被侵略者的铁骑一脚踹开了。投降派以牺牲国家和民族利益为代价换来了天朝一时的苟安。可恨的是，为了维持苟延残喘的大清王朝，他们残酷地打击抵抗派。1843年4月17日，钱江、卞江殷因为请求抗英而成为投降派屠刀政策的第一个牺牲品。4月23日，在台湾主持抗英工作的姚莹、达洪阿又紧跟着步其后尘，也遭到了清廷的革职查办。

从此，抵抗派的势力被彻底地压制下去，他们再也无法构成对投降派的威胁了。中原大地上阴风阵阵，到处弥漫着屈辱求和的悲凉气氛。林则徐悲愤万分，寝食难安，日夜为祖国的前途和命运而担忧。

1843年8月1日，道光帝降旨，放邓廷桢入关。9月10日，邓廷桢便打点行装起程入关。从此，患难与共的一对老友又要各奔东西了。依依惜别之时，林则徐作诗相赠：

> 得脱穹庐似脱围，一鞭先著喜公归。
> 白头到此同休戚，青史凭谁定是非？
> 漫道识途仍骥伏，都从遵渚羡鸿飞。
> 天山古雪成秋水，替浣劳臣短后衣。
> 回首沧溟共泪痕，雷霆雨露总君恩。
> 魂招精卫曾忘死，病起维摩此告存。
> 歧路又歧空有感，客中送客转无言。
> 玉堂应是回翔地，不仅生还入玉门。

不久，文冲也获释入关，只留下林则徐独守西疆。他茕茕孑立，形影相吊。"天涯同是伤心侣，目送归鸿泪满巾"，邓廷桢、文冲二人的相继离去，勾起了林则徐无尽的乡愁。

然而，更大的打击还在后面。1843年11月30日，为林则徐寄书传递消息的张际亮，在历经千辛万苦把姚莹、达洪阿营救出来之后，客死北京。噩耗传来，林则徐悲痛万分，他挥泪写下了《哭张亨甫》一诗，以表达对友人的深切悼念：

> 尺素频从万里贻，吟成感事不胜悲。
> 谁知绝塞开缄日，正是京门易箦时！
> 狂态次心偏纵酒，鬼才长吉悔攻诗。
> 修文定写平生志，犹诉苍苍塞漏卮。

正当林则徐沉浸在痛失良友的悲恸之中，又一惨痛消息传来：1844年5月28日，王鼎为了恳求道光帝将林则徐从塞外调回委以重任，在北京向道光帝进行尸谏。

据说，当王鼎从治河工地上还朝以后，他经常在面君议事时，当庭痛斥穆彰阿简直就是南宋的秦桧、明朝的严嵩，并一再苦口婆心地劝谏道光帝起用林则徐等人，但道光帝却总是顾左右而言他，常以王鼎有病或醉酒为由，命人将其搀下。

有一天上朝时，王鼎为此再次惹得道光帝龙颜大怒、拂袖而起。王鼎就赶忙跑上前，扯住龙袍大声疾呼："皇上不杀琦善，无以对天下；老臣知而不言，无以对先皇！"道光帝面色阴沉，愤然离去。可怜这个古稀老人，忧国伤时，痛不欲生，于5月28日在京城圆明园的寓所里，以一条白绫自缢身亡。

这个消息犹如晴天霹雳，林则徐一听说就昏了过去。半晌苏醒之后，他奋笔疾书，为恩师题写了一副挽联：

名位显韩城，叹鞅掌终劳，未及平泉娱几杖；
追随思汴水，感抚膺惜别，还从绝塞恸人琴。

而后，他又接连为恩师撰写了两首挽诗。

其 一

才锡元圭告禹功，公归遵渚咏飞鸿。
休休岂屑争他技，蹇蹇俄惊失匪躬。
下马有坟悲董相，只鸡无路奠桥公。
伤心知己千行泪，洒向平沙大漠风！

其 二

廿载枢机赞画深，独悲时事涕难禁。

艰屯谁是舟同济，献替其如突不黔。

卫史遗言成永撼，晋卿祈死岂初心。

黄扉闻道犹虚席，一鉴去亡未易任。

在这两首挽诗中，林则徐真诚地表达了自己对于恩师壮烈尸谏的无比悲痛之情，字里行间处处充满了对王鼎知遇之恩的深切感激。当然，这也是他们师徒之间的深情厚谊的真实写照。

不仅如此，后来林则徐在远赴南疆勘荒的途中，还曾专门赋诗以表示对恩师的怀念：

记曾东障循前轨，仍赋西行访古槎。

痛苦王尊今宿草，久悬搽席未宣麻。

🌸 发挥余热 🌸

岁月在缓缓地流淌，生命在慢慢地消逝。林则徐痛定思痛，他决定在自己风烛残年之际，抓紧时间为边疆人民做点贡献。经过一番认真的调查研究，他认为，要充实边防力量，改善当地人民生活，就必须实行屯田戍边。于是，他不顾年迈多病，仍满腔热忱地主动向布彦泰提出认捐阿齐乌苏垦地的要求，并得到了对方的大力支持。

1844年冬，林则徐便积极组织当地的百姓，开始了阿齐乌苏废地的初垦工作。俗话说，农田水利，不弃不离。要重新开垦阿齐乌苏，首先就必须解决好那里的水利问题。于是，林则徐主动向布彦泰要求认修龙口水利工程。而后，他亲自率领民工去挑沙挖石，修堤筑坝。经过四个月的艰苦努力，他们硬是在那不毛之地上修成了一条长三千多米、宽十多米的大水渠，使这里成为当时新疆最大的灌区。直到清朝末年，官方都将这条水渠称为"皇渠"，但是勤劳朴实的新疆人民却一直都叫它"林公渠"，由此可见林则徐的功勋。

工程竣工后，阿齐乌苏垦地得到了有力的水源保障，屯垦面积迅速扩大，实际开发出近二十万亩土地。于是，新疆各地纷纷加以仿效，很快便掀起了一个垦荒种地的新高潮。

1845年2月，林则徐还没来得及擦去额头上的汗水，便奉旨陪同喀喇沙尔办事大臣全庆赴南疆去勘察当地的垦荒情况。那时候的南疆异常荒凉，自然条件极其恶劣，到处是一望无际的荒漠，人迹罕至。大部分地区气候干燥少雨，只有塔里木河、叶尔羌河、喀什噶尔河、阿克苏河等流经的地区才有少数的绿洲。林则徐却毫不畏惧，他决心"短衣携得西凉笛，吹彻龙沙万里秋"。

1845年3月下旬，林则徐会同全庆首先去勘察库车的垦地情况。4月4日，林则徐来到阿克苏城，并立即前往乌什勘地。4月7日，他们兵分两路，林则徐与维禄负责南城的勘察任务，全庆则负责去东城勘察。最后，他们两路人马一共统计垦地面积10.3万亩。4月11日，林则徐一行重返阿克苏，次日他们就动身去270里外的南疆勘察。4月14日，林则徐又和全庆一起来到了朗哈里克，然后从东西两边同时丈量那里新开垦出来的土地。4月中旬，林则徐由阿克苏出发，前往叶尔羌勘察。5月4日，林则徐从叶尔羌奔赴和阗。完成任务后，他又折回叶尔羌。6月7日，林则徐风尘仆仆地抵达巴尔楚克。6月9日，完成任务后，他便抄小路返回阿克苏。至此，南疆六城土地全部顺利勘察完毕，并且写成了详细的勘察报告。

就在林则徐返回库车的途中，他又奉命与全庆再度联手去勘察喀喇沙尔的垦地情况。于是，林则徐又义无反顾地再次上路，踏上了新的旅程。7月8日，林则徐会同全庆勘察喀喇沙尔。7月12日，他俩一同去勘察库尔勒续垦的土地。9月，林则徐又奉命勘察伊拉克里垦地，并于9月6日前往伊拉里克续修水渠工程视察。10月底，他再次奉旨与全庆共同勘察了南疆八城的十几个地方，并勘得土地689 718亩。

半年多来，林则徐拖着病弱的身体，行走于茫茫大漠之中，克服了无数难以想象的困难，最终完成了任务。后来，林则徐赋诗纪念自己的业绩：

> 蓬山俦侣赋西征，累月边庭并辔行。
>
> 荒碛长驱回鹘马，惊沙乱扑曼胡缨。
>
> 但期绣陇成千顷，敢惮锋车历八城。
>
> 丈室维摩虽示疾，御风仍喜往来轻。

为了更好地开发南疆，林则徐每到一地，就会倡导那里的百姓兴修水利，开浚水源。例如，在叶尔羌，他不仅亲赴水口调查，帮助人们证实了渠水可以翻越两道山梁来灌溉农田，而且还提出了各种护渠措施。在喀喇沙尔，他建议人们在北大渠南岸增挖一道主干渠、两道支渠，从而一举解决了喀喇沙尔环城垦地的灌溉问题。在伊拉里克，他又结合当地实际，建议将大、小阿拉浑河汇成一条河来灌溉。

在吐鲁番，林则徐不但向人们倡议开渠引水，而且还大力推广坎儿井。坎儿井是新疆各族人民根据自己所处地方的自然地理特点，一代一代地用聪明才智和辛勤劳动所创造出来的一项伟大发明，它与万里长城、京杭大运河并称为中国古代三大工程。

当时，吐鲁番的人们习惯把劳动干活说成是"坎儿"，又把修造蓄水池、出水口、地下横洞、竖井等一些复杂的工程都称作"印子"，这样，把"坎儿"和"印子"联结起来，就叫做"坎儿印子"了。随着时间的推移，人们渐渐地开始把这一创举称之为"坎儿井"。

坎儿井主要由打造的直井、地下连通的暗渠和地面的明渠三个主要部分组成。人们利用吐鲁番盆地自然倾斜的地形，先打直井伸到地下的含水层中，然后再把井与井之间打通为暗渠，使水流渠中，最后再引水灌溉农田。这种独特发明有利于减少新疆干燥条件下水量的流失，也与当地的地形完美结合，收到了良好的效果。

经过一番实地考察之后，林则徐觉得这种方法非常适合新疆这样干旱地区的农业用水，于是他很快就把这一传统的灌溉方法加以改进，并积极予以推广。与此同时，他又从广东、福建引进无数的树苗植于北疆。不久，坎儿井犹如满天星辰，遍布于新疆河谷一带。一片又一片的绿林点缀在广袤无垠的沙漠上。在吐鲁番地区，至今人们还把他当年推广的坎儿井亲切地称之为"林公井"。

林则徐还在新疆地区积极推广生产技术，造福当地百姓。他根据吐鲁番盛产棉花的特点，在当地大力倡导纺纱织布，并把内地的纺织技术无私地传授给那里的百姓。所以，后来那里的人们都把纺车叫作"林公车"。

林则徐主张要因地制宜，结合实际，实事求是地决定当地的屯田方式。根据这一原

林则徐手迹

林则徐手书七言联

则，他和全庆共同建议在巴尔楚克、伊拉里克、吐鲁番和喀喇沙尔采用"民屯"的形式，其余大部分新垦的土地则采用"回屯"的形式。这种实事求是的土地政策，极大地刺激了当地百姓的生产积极性，有力地促进了边疆地区的开发，同时也为边防事业积累了雄厚的物质基础。

林则徐对开发新疆所作的贡献，那里的人民有目共睹，因此大家都十分尊敬和爱戴他。

总为浮云能蔽日，长安不见使人愁。不知不觉，三年时间过去了。1845年12月，林则徐在哈密终于盼来了入关返京的圣旨，他顿时喜极而泣，三年来的努力总算有了收获。他兴奋不已，忍不住又诗兴大发，挥笔写下了一首《纪恩述怀》：

飘泊天涯未死身，君恩曲贷荷戈人。

放归已是余生幸，起废难酬再造仁。

一唱刀环悲白发，重来辇毂恋红尘。

枯根也遇阳回候，会见金门浩荡春。

最后日月

1846年冬，林则徐结束了颠沛流离的流放生活，在玉门县接旨，以三品顶戴接署陕甘总督。第二年又调任云贵总督，不管在哪里，他都一心为国，鞠躬尽瘁。1850年4月14日，林则徐回到了自己的故乡福州。这时，林则徐已经是一个百病缠身的垂垂老者，但是他那忧国忧民、反抗侵略的爱国意志却老而弥坚。

陕甘总督

道光二十六年（1846）12月4日，林则徐接到了赦免起复的圣旨。他满怀着感激之情，结束了颠沛流离的流放生活：9日，从哈密起程入关；20日，在玉门县接旨，以三品顶戴接署陕甘总督。

恰在此时，甘肃发生了震惊朝野的黑错寺叛乱。

黑错寺是甘肃西宁府循化厅卡外的一个规模较大的喇嘛寺，有寺院好几百所，寺僧八万多人。他们占有大量的土地，并利用这些土地控制着无数的佃户。他们还拥有自己的武装，又胁迫和蒙骗各庄的藏民、佃户来参加，其势力一天天恶性膨胀起来，严重威胁着清政府对该地区的统治。与此同时，由于清朝统治力量的削弱和封建剥削的日益加重，一些藏族农奴和贫苦的牧民因为不堪忍受压迫，被迫揭竿而起，他们成群结队地在边远地区抢夺牛马，甚至去抢劫清政府管理的马场，并杀死前来镇压的清军。在这种情况下，一些包藏祸心的藏族上层奴隶主贵族和寺院里的高级喇嘛们便趁机唆使手下四处盗马杀人，甚至还公然拒捕抗官。

1845年11月，黑错寺里的喇嘛又率领一群武装分子窜到甘肃洮州厅的着逊去抢掠牛马，还杀死了当地的土司千户杨国成。于是清政府便下令会剿，但是那些前去进剿的清军却连遭败绩，因此黑错寺的喇嘛们更加猖狂起来，他们用武力胁迫四乡八里的藏族佃户和寺内的僧人一起组成了一支近两千人的反动武装，公开同清军叫阵，还杀死了许多清军官兵和当地的土兵。

林则徐怒不可遏。1846年7月4日，他命令达洪阿率兵一举剿灭了这群叛乱分子。然而，清军在整个军事行动中却又不分青红皂白地烧毁村庄，滥杀藏民。这种滥杀无辜的行为不仅大大超出了他们的职权范围，而且种下了民族矛盾的祸根，并不利于该地的长治久安。平定黑错寺叛乱后，清朝在这一地区的统治得到了加强，但是在那平静的水面下却始终暗藏着无数的旋涡。

1846年8月15日，林则徐离开了兰州。月底，他抵达西安，接任陕西巡抚。此时，陕西正遭遇罕见的旱灾，哀鸿遍野，惨不忍睹。于是，大批饥民铤而走险，纷纷加入了刀客的队伍中。刀客，是清朝中叶尤其是自嘉庆年间以来人们对陕西一带抗清群众的一种称谓。他们通常都是一些破产的农民和手工业者，因为不堪忍受残酷的封建压迫而持刀反抗。这些人三五成群，到处活动，实际上还仅是一种农民自发的武装抗税和抗粮的斗争，并没有形成起义的阵势。

针对这种情况，林则徐决定首先要办赈抗灾。由于市场上粮食短缺，粮价暴涨，农民无钱购买，他便紧急动用官府库存的粮食来平抑市场的粮价，并规定了各地具体的购粮日期，让农民凭票限量以平价购买。对于那些无力购买者，他又命令官府代为收养，仅西安一地就收养了三四千人。针对农民杀牛为食的现象，林则徐命令各地方官收购耕牛，并劝各地富户质押耕牛，接济灾民，从而有效地保护了畜力，为恢复农业生产创造了条件。林则徐还视各地的灾情轻重，分别奏请朝廷予以缓征钱粮，从而极大地减轻了农民的负担。此外，他还筹谋兴修关中水利，引水灌田，缓解旱情；要求各地广泛征用无钱买粮的民工，实行以工代赈，并指示关中书院以"修关中水利议"为题进行考试，广泛征询意见，筹划水利建设。

抗灾的同时，林则徐坐镇指挥，严厉缉捕那些刀客，主张将他们一一"严拿严办"，将刀客马得枫处以斩刑，又将史双等数十人全部发配到云贵两广去充军戍边，并对严办"刀客"的地方官员给予奖励，对

189

那些治理不力，"刀客"活动频繁的府、州、县则下令免去地方官员的职务。关注民生，体恤民情，这本是林则徐一生中熠熠闪光的地方，然而对于饥民暴动的残酷镇压，却同时又让他的人生沾染了令人遗憾的污点。

1846年底，林则徐身患重病，不得不上书朝廷，请假医治。1847年1月26日，他起程去陕西蒲城治病，同时为恩师王鼎守心丧。来到蒲城之后，他首先去相国府瞻仰恩师王鼎的故居，并拜访了师母孟太夫人。然后，他又亲自到城西八里忽家村的王鼎墓去祭奠恩师，并参加了3月19日人们为恩师诞辰八十周年而举行的纪念活动。他还为相国府书写了匾额和对联，又为王鼎的族弟王益谦题写了扇面。

在此期间，林则徐一如既往地情系百姓，体察民情。为此，他深入民间，亲自去对蒲城的旱情和当地的人民生活作实地考察，然后据此向道光帝呈递了一份《陕省道光二十六年被旱各属分别缓征折》。在这份奏折中，他根据自己的调查结果，恳请朝廷将蒲城本年的所有钱粮"全行展缓"。

云贵总督

1847年5月14日，林则徐接到了将自己调任云贵总督的命令，于是，他与夫人稍作整顿之后，就取道四川直奔云南而去。7月底，林则徐抵达昆明，接任云贵总督。当年，他曾在这里担任过乡试的主考官，昔日与友人一道游湖赏花，饮酒对诗，留下了无数美好的回忆。如今故地重游，但物是人非，他不由得欷歔不已，感慨万千。

云南地处西南边疆，在那里聚居着二十多个兄弟民族。在长期的历史发展过程中，各族人民和睦相处，共同开发和保卫着祖国的边疆。但是，历代的封建王朝却长期推行大汉族主义的民族歧视和民族压迫政策，严重挫伤了各民族之间的友好感情。尤其是鸦片战争以后，清政府由于需要偿还外债而日益加紧搜刮各族人民，阶级矛盾也日趋激化起来，再加上清朝统治者和各少数民族的上层反动分子又不断恶意挑拨民族矛盾，从中渔利，结果导致云南烽烟遍地，积案如山。

攻城为下，攻心为上。林则徐上任后，首先旗帜鲜明地反对那种助汉杀回的反动政策，并派人去明察暗访，弄清了整个事件的来龙去脉。他根据调查结果，制定了一条"但分良莠，勿论汉回"和"诛其首要，散其胁从"的处理原则。根据这一原则，林则徐坚决镇压了罪魁祸首沈振达、周日庠、张时重、沈聚成等人，依法将恒文革职查办，永不叙用，并下令平毁了那些汉族地方武装在各个村寨所建立的沟垒。林则徐组织当地汉族和回族中的地主分子和上层人士共同来制定强化地方治安的相关措施。这种"以汉保回，以回保汉"的做法，受到了当地汉回各族人民的衷心拥护，社会秩序渐渐得到了稳定。后来，林则徐又先后平息了东川、云州、姚州等地的汉回互斗事件，并采用相同的办法使这些地方都慢慢恢复了正常秩序。

就在林则徐全力以赴处理汉回互斗事件的时候，1847年11月22日，与林则徐相濡以沫的妻子郑淑卿因病在昆明不幸去世。林则徐悲痛至极，以至于旧病复发，他在夫人的挽联上伤心地写道：

> 同甘苦四十四年，何期万里偕来，不待归耕先撒手；
> 共生成三男三女，偏值诸儿在远，单看弱息倍伤神。

林则徐与夫人结婚四十四年，恩爱笃深，现在夫人撒下他撒手归去，这对林则徐自然是一个沉重的打击。回顾四十余年的风雨历程，林

最后日月

则徐和郑夫人始终心心相印、伉俪情深。早在林公当年赴云南主持乡试的途中，他就曾触景生情，挥笔写下了一首缠绵悱恻的《七夕》诗：

> 一穗孤檠对酒消，旅怀偏是可怜宵。
>
> 人间多少银河隔，乌鹊能填第几桥？

后来，当林则徐由湖北调任河南布政使的途中，他又满怀柔情地写下了《寄内》一诗：

> 古驿寒宵梦不成，一灯如豆逐人行。
>
> 泥翻车毂随肠转，风送驼铃贴耳鸣。
>
> 好月易增圆缺感，断云难绾别离情。
>
> 遥知银烛金闺夜，数到燕南第几程？

这两首诗都表达了林则徐对夫人深沉的爱，感情诚挚，心意可表。

夫人的去世，使林则徐遭到了巨大的心灵创伤，他的病情也因此而日益严重起来。1849年7月14日，他上书道光帝请假调治，后来病情越来越严重了，他不得不于8月5日又一次上书道光帝奏请回乡养病。10月21日，64岁的林则徐在家人的陪同下，带着夫人的棺柩离开了昆明，踏上了返乡的旅程。

弹指一挥，两年多的时间就过去了。林则徐依依不舍地告别了云南的父老乡亲。然而，朴实忠厚的云南各族人民却并没有忘记这位恩人。至今，那里还流传着林则徐求雨的故事呢。在龙泉山五老峰下，座落着一个有"滇中第一古祠"之称的黑水祠，也就是今天的黑龙潭道观。传说龙王黑龙的龙宫就住在这里，潭水终年不会枯竭，所以人们又叫它"黑龙潭"。相传林则徐就在这里求过雨。有一年，昆明遭遇旱灾，田里的庄稼都快要干死了。为了帮助百姓，林则徐就亲自来到黑龙潭求雨。到了黑龙潭，他一不烧香、二不祭祀，而是冲着潭水大声喊道："黑龙，黑龙，你听着，我是云贵总督林则徐，你是云南龙王，你住在我的辖区上，就必须听从我的号令。现在老百姓饱受干旱之苦，我命令你马上降雨。"也许黑龙真是敬重我们的民族英雄，被他的正气所感染了，所以话音刚落，天上顿时就乌云翻滚，随即大雨倾盆。虽然这仅仅只是个传说，却充分表达了云南人民对他的敬仰。

1850年1月5日，林则徐途经长沙，在湘江上与左宗棠相遇。左宗棠，字季高，湖南湘阴人，日后成为封疆大吏、军机大臣，而此时还蜇居乡间，他的时代尚未到来。林则徐非常赏识左宗棠的才干，甚至还差一点就将他招入府中为国效力。左宗棠也同样十分敬仰林则徐的高风亮节，当林则徐蒙冤发配新疆时，他还曾写过许多诗歌，以抒发自己对林则徐的仰慕之情。其中有一首是这样写的：

> 司马忧边白发生，岭南千里此长城。
> 英雄驾驭归神武，时事艰辛仗老成。
> 龙户舟横宵步水，虎关潮落晓归营。
> 书生岂有封侯想，为播天威佐太平。

一番彻夜长谈之后，林则徐对左宗棠越发地赏识了，他将自己搜集到的有关新疆的资料全都无私地送给了左宗棠，希望他今后能够有所作为。林则徐果真慧眼识英雄，三十年之后左宗棠率军收复新疆，干出了一番轰轰烈烈的事业。

1850年4月14日，林则徐回到了养育自己的故乡——福州。这时，林则徐已经是一个百病缠身的垂垂老者，但是他那忧国忧民、反抗侵略的爱国意志却犹如秋后的核桃，老而弥坚。

1850年6月，英国驻福州领事馆翻译官、代理领事金执尔违反《南京条约》的规定，要强租福州乌石山神光寺的寺院。对此，福州县令兴廉非但不加以阻拦，反而还在其租赁协议上盖印画押。如果一直如此纵容，势必会开创英国人在五口通商口岸进城居住的先例。

林则徐闻讯后拍案而起，他立即联合当地的一批社会名流，去质问县令兴廉，又带头联合上书福建巡抚徐继畬，要求将英国人驱逐出城。各学院的学生们也纷纷响应，他们在城里的大街小巷上到处张贴传单，号召全城百姓一起来反对英国人。但是徐继畬却不敢与英国人发生冲突，他下令加强巡逻，阻止人民群众的反英斗争。林则徐坚决不同意这种妥协行为，他继续上书闽浙总督刘韵珂，强烈要求他下令驱逐神光寺里的英国人，谁知又遭到了对方的断然拒绝。刘韵珂还亲自出马，强迫他们放弃斗争。然而，林则徐毫不示弱，他立马写信去联系那些在京的福建籍官员，请他们将实情上奏道光帝，请求他支持家乡的抗英斗争。

此时，在福州的五虎门、水部门和东门一带，也已经有乡勇组织起来了，他们日夜加紧操练，时刻准备同敌人作斗争。最后，在林则徐与其他爱国人士的坚决斗争下，福州当局终于迫使英国人退到了城外。

大星陨落

就在林则徐在家养病的时候，中国的政治形势再度发生了翻天覆地的变化。鸦片战争以后，随着西方资本主义魔爪的逐步深入，中国人民所遭受的苦难也越来越严重了。灾害频繁发生，赋税却日甚一日，饥寒交迫的人们正痛苦地挣扎在死亡线上，而统治阶级却仍然不顾人民的死活，照例去搜刮民脂民膏，整个社会因此而日益动荡不安起来，仿佛是

鸦片战争博物馆

一座即将爆发的活火山。

暴风雨终于来了。1850年7月，广西天地会起义首先爆发了，一场震撼全国的风暴即将来临。之后，起义军攻城略地，所向披靡，清政府陷入了极度的恐惧之中。

为了挽救摇摇欲坠的清朝统治，1850年10月17日，咸丰帝正式任命林则徐为钦差大臣，要他即刻动身，赶往广西。11月4日，林则徐在福州接到了圣旨，次日，他就带着三子林聪彝和幕僚刘存仁，从福州出发，日夜兼程，奔赴广西。11月12日，他们到达漳州时，林则徐已经旧病复发，疝气下坠了，但他依然咬紧牙关，继续赶路。11月16日，当来到广东潮州时，林则徐已经病入膏肓，他上吐下泻，行动十分困难，然而，他还是挣扎着继续前进。最后，当他们来到普宁县城时，林则徐突然晕倒在地，从此就再也没有站起来。1850年11月22日，林则徐溘然长逝，享年66岁。

出师未捷身先死，长使英雄泪满襟。为了表彰林则徐对朝廷的忠贞，12月15日，咸丰帝降旨，将他的官衔晋升为太子太傅，并赦免其任

195

职期间的一切处分。1851年4月，在为林则徐召开的追悼会上，咸丰帝又派专人来向林则徐致祭，并颁发了《御赐祭文》和《御赐碑文》，以表彰他生前的丰功伟业。咸丰帝还御赐挽联一副：

答君恩，清慎忠勤数十年，尽瘁不遑，解组归来，犹自心存军国；
殚臣力，崎岖险阻六千里，出师未捷，骑箕化去，空教泪洒英雄。

林则徐的众多友人、同僚们也纷纷题写挽诗、挽联来悼念这位杰出的抗英民族英雄。曾受过林则徐知遇之恩的胡林翼写了这样一副挽联：

千古英雄皆堕泪，四方妇孺尽知名。

备受林则徐赏识的左宗棠也写了一副长联：

附公者不皆君子，间公者必是小人，忧国如家，二百余年遗直在；
庙堂依之为长城，草野望之若时雨，出师未捷，八千里路大星颓。

林则徐与世长辞后，其家人将他的遗体归葬于福州市郊马鞍村金狮山麓。这里群山环抱，环境清幽肃穆，一代民族英雄就静静地躺在这儿，听阵阵松涛如海，观片片绿草如茵。后来，左宗棠来林则徐祠堂祭拜时，挥笔写下了一副千古名联：

三吴颂遗爱，鲸浪初平，治水引盐，卅载接音尘；
如公皆不朽，鸿泥偶踏，湘间邛上，今我复重来。

时隔多年之后，一代文豪郭沫若探访林则徐祠堂，也题写了一副气壮山河的挽联，以纪念林则徐的功绩：

焚毒冲云霄，正气壮山河之色，

挥旗抗敌寇，义征夺魑魅之心。

民族英雄林则徐不仅受到了全世界炎黄子孙永久的爱戴，他那伟大的爱国主义精神也得到了无数国际友人的尊重。早在1868年，清朝使臣志刚在英国伦敦蜡像馆，就亲眼看到了林则徐的蜡像。到了1999年，国际天文学会更是将北京天文台施密特CCD小行星项目组1996年6月7日于兴隆所发现的一颗小行星33788号，正式命名为"林则徐星"。国际天文学会联合会的公告全文如下：

这是为纪念禁毒和反对毒品犯罪的先驱林则徐而命名的。林则徐是中国福建侯官人，他的辉煌功绩因1839年6月在中国南部虎门海滩销毁1200吨鸦片而达到顶峰。作为清王朝的一位大臣，为世人所称道的还有他在水利方面的伟大成就，这曾使他的家乡和中国其他地区深受裨益。

第七章

精神不死

林则徐的业绩，是举世公认的。他的高尚情操，也是为世人所称颂的。

中国历代知识分子在民族危难之秋，都有一种深沉的忧患意识。这种意识，源于儒家传统美德。北宋范仲淹说：『先天下之忧而忧，后天下之乐而乐』，就是中华民族忧患意识的代表。

林公形象

中国人、外国人对林则徐的外在形象也是十分关注的。可惜，林则徐生活的时代中国尚无摄影技术，现有的林则徐形象全部是他的仰慕者所绘之画像，准确程度如何，难以断定。当时的文字记载，尤其是亲见过林则徐风采的人所记录的文字足可凭信。

金安清是见林则徐的同代人，他在《林文忠公传》中写道：

公身体不逾中人，端凝严重，行止如载华岳，眉目疏朗，光奕奕出数步外，神采威秀，顾盼风生，与人和易温粹，虽卑官下僚，辄与坐论终口，鲜惰容骄色，能使人尽言。

李元度在《林文忠公事略》中说林则徐：

生机敏，长不满六尺，英光四射，声如洪钟，每剧谈，隔数舍重聆之，辄了了。

虎门销烟后，中英关系紧张，鸦片战争已成一触即发之势。在这种背景下，英国一艘三桅船"杉达号"，于1839年10月12日在海南岛附近遇难沉没。经搭救，部分人有幸生还。同年12月14日，林则徐以大政治家恢弘的气度，不失尊严而又十分友好地接见了生还的英国人。其中有一位名叫希尔的医生参加了接见的全过程。事后，他写了《林钦差会谈记》一文，刊登于《澳门月报》。这篇3000字的文章，如实地记录了这次中国外交史上理应记载的会见。希尔的文章通篇以林则徐的形象为中心，叙述生动，文字简练，林钦差非凡的形象、气度、风格呼之欲出。其中写道：

> 钦差微胖而短，年龄在45岁左右（实为54岁）。面目可悦，眼小睛黑，目光锐利，前额文雅聪明。他的声音雄壮、清楚而洪亮。他穿着极其朴素的衣服，而其他官员则全副官服。
>
> 我们被领到他的面前，全体脱帽，向他恭敬地一鞠躬，他向我们还礼，于是会谈立即开始。他先表示：对于我们这次沉船遇难深为关切，希望在我们前来广州的路中，沿途官员都能照顾周到……钦差继而又用相当时间详述鸦片对于人体的损害，以及英国人向中国播散鸦片的可耻（他谈到这里神情甚为激昂）……他对于英国人并无丝毫的仇隙，只是痛恨那些贩运鸦片的英国人……

在希尔的文章中，还记述了林钦差言谈举止的种种细节：请英国人饮酒，吃烤猪，以礼相待；林钦差还向他们询问土耳其的地理位置，请他们朗读英语；戴上眼镜仔细观察英国人所穿的服装，连连称"妙"……

我们可以将上述两位中国人，一位英国人的记述、描绘，以及流传下来的画像加以对照、综合，林则徐的形象、气度和风格应该是：中等身材，体态较胖；留有胡须，衣着朴素；五官端庄，气宇轩昂；双目炯炯，声音洪亮；精力充沛，健谈善饮；威而不骄，亲而不狎；顾盼自若，不卑不亢；疾恶如仇则雷霆震怒，正气凛然；从善如流则和蔼可亲，如沐春风。在林则徐的身上绝无大多数封建官吏惯有的那种对上恭维、对下淫威、虚情假意、逢场作戏、颐指气使、装腔作势的恶习。

这，就是我们的民族英雄林则徐非凡的形象、气度和风格。

但是，经历了虎门销烟的疾风暴雨，鸦片战争连连败北的痛苦煎熬，因大功获重罪的沉重打击之后，林则徐的形象是有变化的。道光二十年（1840）十二月十五日，万启心在一份奏折中说："林则徐任事实心，两年来，鬓发尽白。"此后林则徐流放新疆三年之久，后又署理陕甘总督，任陕西巡抚、云贵总督，其处事为官，依循鞠躬尽瘁之道，其苍老程度可想而知。万启心或许是无意中写了上述14个字，但把林则徐身心受到摧残但依然坚韧不拔的形象，令人心酸地留给了后代去思索，去叹息，去景仰！

 # 无欲则刚

林则徐的情操之所以感人，还在于他能够做到"无欲则刚"。

他善作楹联。他的政事堂内就悬挂了他的楹联"海纳百川有容乃大，壁立千仞无欲则刚"作为座右铭。他一生的业绩，正是建立在"无欲则刚"的操守的基础上的。在他被道光帝罢官时，他还敢于写《密陈办理禁烟不能歇手片》向道光帝进言："圣人执法惩奸，实为天下万世计，而天下万世之人亦断无以鸦片为不必禁之理。"这实际是对道光帝强加给他的禁烟有罪的一种含蓄的反驳。他又说："一身之获咎犹小，而国体之攸关甚大。"他向道光帝表示："倘蒙格外天恩，宽其一线，或令戴罪前赴浙省，随营效力，以赎前愆，臣必当殚竭血诚，以图克复。"这是林则徐对整个民族命运的关心和责任感的表现，是他为国自甘赴汤蹈火的精神境界的表现。

当知道道光帝接受英国照会时，林则徐"彻夕为之不眠"，十分担心"一着之差，致成满盘之错"。他在致怡良书里对时局表示担忧："此事措置之方，实关大局。"并再次表明："贱子于一身荣辱祸福，早不敢计，只求无伤国体，可儆后来，微躯顶踵捐糜，亦所不惜。"这就是说，主和主战涉及国家命运，至于个人，任何艰难痛苦都可以承受。"只求无伤国体"，突出地把国家和民族命运置于个人之上。

他遣戍伊犁路过兰州时，向朋友姚春木写信表示："近者时事至此，令人焦愤填胸。贱子一身休咎，又奚足道？""自念祸福生死，早已度外置之"，林则徐念念于国家民族的忧患。

林则徐还写了其他诗句，反复地表明个人愿意置荣辱、祸福于度外，只要能换来国家的安宁。如"中原果能销金革，两叟何妨老戍边"，这是多么崇高的精神境界！林则徐还把"宠辱皆忘"刻成印章，作为自己的座右铭。他反复表示："膏肓或起生犹幸，宠辱皆空意自安。"在宠辱面前，淡然处之，实在达到了相当高的思想境界。

林则徐另一首诗："但祝中原靖，奚辞绝塞艰。只身万里外，休戚总相关。"这首诗写于道光二十二年赴戍途中，不但表现他爱国忘己的精神，更说明他个人一生已经与国家的命运血肉相连，休戚相关。林则徐的爱国情操是十分深沉而坚厚的。正是这样的精神，推动林则徐自觉地为中华民族的命运献出自己的一切。

"无欲则刚"，在紧要关头荣辱皆忘，就是在平时也以廉吏自律。

道光元年（1821），林则徐再度北上时，在赠陈寿祺诗里，进一步抒发他的政治抱负，并斥责贪污之类"有欲刚则无"的寡廉鲜耻：

> 呜呼利禄徒，字珉何少恩。
>
> 所习乃脂韦，所志在饱温。
>
> 色厉实内荏，骄昼而乞昏。
>
> 岂其鲜才智，适以资攀援。

模棱计滋巧，刀笔文滋繁。

峻或过申商，滑乃逾衍毙。

牧羊既使虎，吓鼠徒惊鸺。

有欲刚则无，此际伏病根。

于传戒焚象，于诗励悬狟。

要在持守固，庶几恻隐存。

知人仰圣哲，弊吏扶元元。

举错惬舆论，激浊澄其源。

侧闻官方叙，驯致民物蓄。

不才乏报称，循省惭素飱。

但当保涓洁，弗逐流波奔。

三复吉人词，清夜心自扪。

在政治上，他希望成为一位"廉吏"。他十分鄙夷那些"所习乃脂韦，所志在饱温"的"利禄徒"，他斥责这些人"色厉实内荏，骄昼而乞昏"，"峻或过申商，滑乃逾衍毙"。因此，他"更慨吏道媮，期以古处敦"。希望恢复古代纯朴之政风。作为他个人来说，他向他的前辈陈寿祺表示："但当保涓洁，弗逐流波奔。"

林则徐为官三十年，在当时的官场环境中，出淤泥而不染，自始至终保持了清正廉洁。这里只举几个典型的事例。

1824年，40岁的林则徐已任江苏布政使，此职仅次于巡抚，掌一省之行政，总管钱谷出纳，承宣政令，并负责考核州、县的官员，权力很大。很多人以各种理由攀附、结交、贿赂林则徐，而他不认同这些龌龊的勾当，以查处贪赃枉法为己任。正人先正己，林则徐处处做出清廉的表率。

这一年的7月17日，林则徐的慈母去世，他只好回福州奔丧。如此高官，母亲病故，理当厚葬。林则徐的友人梁章钜时任江苏淮海道，他深知林则徐为官清廉，家资甚薄，因此打算动员同僚捐助厚礼，但被林则徐坚决制止。

1830年8月底，林则徐改任湖北布政使，10月6日到任。此前，他曾在北京待职三个月，赴任新职的路途中，林则徐发了一道"传牌"给沿途各地官员，大意是：

我林则徐已进入湖北境内，由襄阳至武汉，一切费用自付，不准为行船添篙帮牵，不准送酒食，用不着大事迎来送往，劳民伤财。不准借机溜须拍马，巴结讨好，更不准打着本官的旗号捞油水，谁人敢于违犯，严惩不贷。官场中习以为常的种种恶习，我林则徐一概不认可。

这个"传牌"，实际上就是林则徐上任前的"廉政宣言"。这样做并非只是独善其身，而是做出榜样。至于因此而得罪同僚和下属百官，我林则徐在所不惜。

九年后，林则徐作为钦差大臣，由北京到广州，官更大，路更长。出了京城，从京郊良乡开始，林则徐就将"传牌"发给沿路官员。这位钦差大臣轻车简从，前面没有鸣锣开道的，后边没有负责首长安全的。赴任途中的一切费用完全自付。林则徐还特别命令，一路上只吃家常饭菜，不吃酒席，尤其不得用燕窝之类的高级佳肴。他不仅自己清正廉洁，还强调自己身边的一切人员"不许暗受分毫"，当然更不能狐假虎威，狗仗官势。

林则徐到达广州的第二天，满足了民众的期望，在辕门外发布了《关防告示》。他要求，各级官员要忠于职守，不准有丝毫懈怠；对因公求见的人，虽是钦差大臣，也会立刻接见，绝不会门难进、脸难看、事难办；对溜须拍马、闻风讨信、官场痞子、居心叵测的家伙们，一律不予接见。自己的随行下属，也必须廉洁清白，和当地的财与物严格脱钩。林则徐正是在这样的基础上，才能有力有效地展开查禁鸦片的活

动，这恐怕是查处大案要案一个重要的历史经验。欲正人，先正己，否则无法严肃纲纪，不能打击罪犯，甚至反而会同流合污，成为犯罪分子的保护伞。

后来，林则徐蒙冤流放新疆。在西安大病初愈后，他在二子、三子的陪伴下，踏上了特别遥远、特别艰辛的流放的途程。林则徐整整走了123天。多年位居高官的林则徐几乎没有积蓄，因此西行万里的食宿费用成了难题。为此，福州一位姓苏的富户，自愿出银资助，以示景仰之情，但林则徐先是不肯收受他人钱财，后以自家的房契为抵押，才接受这笔令人心酸的银两。有林则徐的日记为证，他在流放途中，省吃俭用，把节省下来的银两捐资修筑了流放地的水利工程。

林则徐任云贵总督时因年老多病，从官位上自己告退。又因夫人已故，他原本希望在北京与儿子一起生活，以便有亲人照料，但因没有足够的银两，在北京买不起房子，只好返回家乡，因陋就简地度过晚年的岁月。堂堂的云贵总督，无钱购房，其清廉若何，由此可见一斑。

林则徐一生正气，两袖清风，实现了他"无欲则刚"的格言。

忧国忧民

林则徐的业绩，是举世公认的。他的高尚情操，也是为人们所称颂的。

中国历代知识分子在民族危难之秋，都有一种深沉的忧患意识。这种意识，源于儒家传统美德。北宋范仲淹说的"先天下之忧而忧，后天下之乐而乐"，就是中华民族忧患意识的代表。林则徐处于19世纪上半叶，濒临内忧外患，在继承传统的忧患意识的同时，又赋予这种意识以更深刻的内涵。

鸦片战争中清政府的失败，随之带来的丧权辱国的不平等条约的签订，使林则徐的忧患意识进一步升华。他开始思索整个民族的命运而陷入极大的忧虑和痛苦。他在河南治河时，与王鼎忧国之情，竟使头发变白。他们手无权柄，只能用诗来抒他们"忧时"之感。他"忧时"，就是他念念不忘的抗英斗争，"忧时"中仍希望想尽办法，抵抗英国侵略。他劝王鼎不必悲伤，期望有一天皇上会支持他的反侵略事业。这种悬念忧愁，离东南前线越远越显得浓烈。道光二十二年八月（1842年9月），他行至兰州，写给其朋友姚春木和王子寿的信里称："自念祸福死生，早已度外置之，惟逆焰已若燎原，身虽放逐，安能诿诸不闻不见？润州失后，未得续耗，不知近日又复何似？愈行愈远，徒觉忧心如焚耳。"林则徐满腔热血，不顾个人祸福进行禁烟抗英斗争。然而到头来却是抗英有罪，报国无门。类似屈原的被放逐的情况，使林则徐的忧患意识同样沉深而炽热，而其时代意义却远超屈原。林则徐身为逐臣也像屈原一样，用诗歌来抒发对民族命运的忧虑和思索：

时事艰如此，凭谁议海防？

已成头皓白，遑问口雌黄。

绝塞不辞远，中原吁可伤。

感君教学易，忧患固其常。

太息恬嬉久，艰危兆履霜。

岳韩空报宋，李郭或兴唐。

果有元戎略，休为谪宦伤。

手无一寸刃，谁拾路旁枪？

我无长策靖蛮氛，愧说楼船练水军。

闻道狼贪今渐戢，须防蚕食念犹纷。

白头合对天山雪，赤手谁摩岭海云？

多谢新诗赠珠玉，难禁伤别杜司勋。

送我西凉浃日程，自驱薄笨短辕轻。

高谈痛饮同西笑，切愤沈吟似北征。

小丑跳梁谁殄灭？中原揽辔望澄清。

关山万里残宵梦，犹听江东战鼓声。

  这四首诗是林则徐流放新疆途中经兰州和凉州时所写的，时在道光二十二年八月（1842年9月）。这时丧权辱国的《南京条约》已经签订，但林则徐还未知道这消息。诗中有四个问句："凭谁议海防？""谁拾路旁枪？""赤手谁摩岭海云？""小丑跳梁谁殄灭"？四个问句中的"谁"，把林则徐对时局的担忧和反侵略的紧迫感强烈的表现出来。

  "苟利国家生死以，岂因祸福避趋之。"是林则徐时常吟诵之句，也是他一生的座右铭。他的一生，他的人格力量，都可以用这两句诗句来概括。

  贵民，重民，爱民，保民，恤民，这种民本思想，一直贯穿于林则徐的为官生涯。

  36岁的林则徐任杭嘉湖道时，他做的第一件大事是加固、改造和修筑海塘。所谓海塘，就是在沿海地区为保护农田而修建的堤坝。这个突出的政绩，使当地百姓受益多年。在封建社会的官场中，做好事不一定有好结果，甚至有遭到妒忌、诽谤而蒙冤的可能。林则徐在仕途上并非一帆风顺，他曾一度以探望父亲为由弃官返乡。但是，百姓对他好，他对百姓亲，所以林公才有"鱼鸟有情浑识面，士民与我若投

林则徐画像

胶"的诗句。

爱民，就必须勇于打击社会上种种的邪恶势力。中国早有"强龙难压地头蛇"之说，但林则徐敢做敢为，绝不明哲保身。1823年初，林则徐升任江苏按察使，成为掌管一省司法大权的官员。当时江苏吏治腐败，天灾严重，社会混乱，积重难返。表现在司法方面，积案如山，冤案累累，地方豪强势力能左右官府。各种矛盾和利害关系犬牙交错。面对如此复杂的局面，稍有私心者就会畏葸不前，以各种借口，各种手段平衡势力，保全自己。然而林则徐却知难而进，又善于抓住症结所在，猛药除重疾，快刀斩乱麻，经过四个多月的呕心沥血的治理，使局面大为改观，赢得了"林青天"的美誉。

为了处理积案，平反冤案，林则徐从改革司法制度入手，首先简化了解审手续，减少了办案的环节，杜绝了执法者通过种种渠道索贿受贿的漏洞。林则徐强调各级官员要亲自办案、断案，不准由他人代审、代断，包括验尸的时候也必须亲自过目，不能听信他人'唱报'。在办案过程中，严惩以假乱真从中牟利的讼棍，力戒串谋作伪，必求真实公正。林则徐甘冒风险，不畏豪强，雷厉风行，一身正气，扫荡了歪风，打击了罪犯，平息了怨气，稳定了社会秩序。

林则徐一生"历官十四省"，每任一职，无不踏踏实实，又无不轰轰烈烈；无不政绩斐然，无不深得百姓爱戴。1832年，不满48岁的林则徐升任江苏巡抚。当他抵达苏州上任时，自发迎接的百姓达数万人之众。据冯桂芬记述，欢迎者"列肆香烟相属，男妇观者填衢，欣欣然相告曰：林公来矣"。寥寥数语，生动地反映了苏州百姓对林则徐的信赖、欢迎和爱戴。

在江苏巡抚任上，江苏水患严重，林则徐作为一省之长，为了防灾、抗灾、救灾，奔波劳碌，席不暇暖。最令人感动的是，他为了减轻黎民百姓的疾苦，置个人的官位、前途于不顾，违逆着道光皇帝的旨意，单衔上疏，为民请命。

道光十三年九月以后，太仓、镇洋、嘉定、宝山一带连遭风雨，连月无晴，收成无望，百姓流离失所，一片惨状。上任巡抚不久的林则徐为此忧心如焚。他与两江总督陶澍书函往复，准备向道光帝奏报灾情，要求缓征漕赋，拨发赈粮，拯救无数在死亡线上挣扎的老百姓。

不料，道光帝先发制人，通过军机大臣下旨，其中说："近年江苏等省几于无岁不缓，无年不赈，国家经费有常，岂容以展缓旷典，年复一年，视为相沿成例？"这等于堵住了林则徐的口，夺了林则徐的笔，不准他为民请命。道光帝进一步威胁说："该督抚等不肯为国任怨，不以国计多亟，是国家徒有加惠之名，而百姓无受惠之实，无非不堪下吏私充囊橐，大吏只知博得声誉。"这就是说，要求朝廷缓赋放赈，是对国家不负责，且要中饱私囊，沽名钓誉。

这样一来，林则徐面临的局势非常棘手。一是百姓处在生死攸关的苦难之中，如果仍需纳赋，只有饿死。二是按规定过了九月不准再报秋灾。三是道光帝已有言在先，不准要求缓征和赈济。四是陶澍虽然与林则徐的看法一致，但不敢冒犯龙颜，自找麻烦，因此欲打退堂鼓。在困难面前，林则徐却不顾一切，忘我为民，决定单衔上疏，破格具奏，为民请命，并声明"倘有应得的处分，待当独任"，道光十三年十一月十三日，心潮起伏，忧心如焚的林则徐"挥来忧国千行泪，写出流民一幅图"，撰写了长达三千多字的奏折《江苏阴雨连绵田稻歉收情形片》，密报道光帝。

这篇奏折如实地反映了灾区的惨状，婉转地回应了道光帝的指责，雄辩地阐述了民为邦本的重要性。

林则徐单衔上疏的消息在江苏产生了巨大的影响。当地士绅百姓竞相传抄这份疏稿，颇有洛阳纸贵之势。

林则徐爱民，人民也爱他。后来因虎门销烟被革职后，广州的人民群众，却敢于藐视皇权，对林则徐表示了极大的同情和景仰。前去慰问林则徐的老百姓多得"填于衢巷"，他收到的"颂牌"多达五十二面，其中有"民沾其惠，夷畏其威""仁风共沐，明鉴高悬""恩留东粤，泽遍南邦""甘棠遗爱，琴鹤清风""德敷五岭，威慑重洋"等语。

林则徐在流放万里的艰辛途程中，虽是"罪臣"，但所到之处，备受社会各界的敬重与欢迎。林则徐大病初愈后从西安出发，二十四天后到达兰州。包括陕甘总督在内的大小官员全体出动，迎接这位身处逆境的"罪臣"。武官们则出城十里，列队迎接。

林则徐在兰州八天，来访者络绎不绝。当他继续西行时，甘肃布政使程德润为他举行饯别宴会，并赋诗相赠。

林则徐在乌鲁木齐停留了四天，不仅当地官员对他恭若上宾，连昌吉、阜康、奇台、呼图壁、吉木萨尔等地的官员也纷纷赶到乌鲁木齐求见，以示慰问景仰之意。

勤勉务实

林则徐一生研习经世致用之学，与传统士大夫耽于诗词歌赋、空谈性命道德有很大不同。他与龚自珍、魏源等人是息息相通的。

林则徐不管在哪里做官，总是踏踏实实，恪尽职守，兴利除弊，注重实效。

在林则徐流放期间，伊犁将军布彦泰曾给道光帝密报过林则徐的表现和他对林则徐的评价。他在这份密报中写道：

查林则徐到戍已近两年，深知愧奋。奴才每于接见时，留心察看，见其赋性聪明而不浮，学问渊博而不泥，诚实明爽，历练老成，洵能施诸行事，非徒托空言以炫目前者比，久经圣明洞鉴。奴才鼠目寸光，平生所见之人，实无出其右者。窃谓人才难得，如林则徐之遣戍伊犁，实为应得之罪，然以有用之才置之闲废之地，殊为可惜……奴才与林则徐素不相识，断不敢自蹈欺饰之愆，实为人才难得起见，不揣冒昧，手缮密陈，伏乞圣鉴。

现在，让我们顺沿着林则徐为官任职的先后，简略看一下他勤政实干的业绩。

林则徐在出任杭嘉湖道之前，曾到江西、云南担任过正、副乡试考官。在科举时代，这关系到选拔人才，也关系到大量考生的前途命运。林则徐作为考官，工作极其认真负责，从出题、制卷到评阅和落卷，一丝不苟。从林则徐的日记中，我们可以看到他当时工作的情景，每天阅卷最多时达35本。他所写的评语因人因文而异，没有一篇是相同的。对考试中的种种流弊，一律予以抵制，唯一的方针是：唯才是举，绝不马虎从事，更不徇私枉法。

1820年初，林则徐任江南道监察御史。这个职务，只要认真，只要实事求是，必定得罪官绅。反之，也可以圆滑处世，两只眼睛睁闭各一，以保全自己和捞取好处为目的。林则徐不仅认真实干，而且专摸老虎屁股。在不到三个月的时间里就做了两件大事：一是弹劾握有兵权的张保。福建澎湖协副将张保，原是海盗头目，后被招安，授予官职。此人恶习不改，横行霸道于华南海面，劣行累累，类似黑社会的头目，是一个官匪合一的恶棍，无人敢惹，且有升为总兵的迹象。林则徐经过认真的考察后，上奏朝廷，提出"严纪律，择将帅"，有力地打击了张保及其党羽，使其不能继续作恶。二是在河南不顾得罪巡抚琦善，在治河工程中有破有立，提出"严密查封，平价收买，以济工需"的方针，打击了囤货居奇的奸商。这两个政绩得到好评，他不久就出任道员了。

林则徐任杭嘉湖道，在一年的任职期间，十分注重农田水利建设，修筑海塘，使老百姓多年受惠，官声甚隆。

1823年初升任江苏按察使，林则徐整顿司法的政绩前文已述。

1824年初，林则徐升任江苏布政使，为使农民增产丰收，他将淮北的麦种带到江苏，散播江南各地。因为母亲病故，回闽守制。

1825年，林则徐在为母亲守制期间大病一次。此间，洪泽湖堤坝决口，酿成大患，河道总督张文浩因此被革职，按道光帝的旨意，林则徐守制未终，就得奔赴灾区治理水患。中国历来有忠孝不能两全之说，但林则徐却以自己独特的忠孝和智慧，做到了忠孝两全。一方面，他以江苏千百万人民的身家性命为重，毅然离开家乡，星夜北上，赶赴灾区。另一方面，为了表示对慈母的哀悼之情，林则徐不穿官服，不用顶戴，身着素服，数月中奔波于风雨泥泞之中，呕心沥血，惨淡经营，完成了使命。如此大忠大孝，大仁大义，鞠躬尽瘁的品德，在封建社会实为凤毛麟角。就是以今天高标准的要求来衡量，也令人仰之弥高，不失为楷模。

1827年，林则徐任江宁布政使，年底父亲病逝，他再度回乡守制，在福州达两年半之久。此间，林则徐完全可以休息一阵，恢复一下身体，但他仍然以干实事为己任。福州的西湖无人管理，淤塞严重，再加上有人推土入湖，强占田园，西湖的面积日渐缩小，直接影响了农业用水，成为福州一患。林则徐在福州虽无官职，但此时他已名满天下，世

鸦片战争时期的铜炮

人敬重，因此不是以官职而是以威望组织和领导了西湖的修浚工程，1829年9月完工。除了将西湖加深扩大外，还修筑了1236丈的石岸，防止湖岸再度淤塌。完工后，林则徐又组织人力物力，栽种了千株梅树，精制了两艘游船，供人游乐

1837年4月，林则徐升湖广总督，时年53岁。林则徐大规模严禁鸦片，是从此时开始的。他在《筹议严禁鸦片章程折》中提出禁毒六策。这个奏折还有一个附件。在附件中，林则徐以他丰富的学识，阐述了中医关于生理和医药的理论，详细分析了吸食鸦片与人体呼吸系统和消化系统的关系，以及戒毒药物的机理与作用。他不仅在附件中提供了禁毒的药方，而且对服用的方法、步骤、剂量、禁忌等诸多细节，都有极为详细的说明。

虎门失利，被贬镇海军营时，林则徐不为个人名利计虑，很快投入到当地军务中，积极备战。他登山查看地形，赴炮厂观铸四千斤铜炮，观看试炮打靶。

林则徐到达镇海的第十八天，道光帝又下令"革去林则徐四品卿衔，与邓廷桢从重发往伊犁"。林则徐平静得若无其事，当夜就收检行李，第二天登船，踏上新的征程。

林则徐流放伊犁，水土不服，身体虚弱多病，鼻血不止，经常彻夜难眠。但他走遍新疆南北，勘查地形，发展生产，兴修水利，修成"林公渠"。

他还对新疆的战略地位和面临形势进行积极的思考，对沙俄势力的渗透极为忧虑。他认为，要充实边防和改善人民生活，最好的办法是实

行屯田备边。他建议将垦地分给当地维吾尔族人民耕种，并把原来的屯兵制改为操防制，使边防驻军既从事耕种土地，又进行军事训练，做到屯田与边备结合、兵与民结合，在西北边疆筑起一道铜墙铁壁。他警告说，将来给中国造成边患的，将是沙俄。不幸而言中。幸亏中国出了个左宗棠，边疆才没有损失太惨。

惟才是举

林则徐本人是一位杰出的通才，他在30余年的为官生涯中，同样不嫉贤妒能，而是求贤若渴，惟才是举，知人善任。他在选拔和任用人才方面的贡献，在其一系列的政绩中熠熠生辉，给后人留下了宝贵的经验和丰富的精神资源。

林则徐对人才的重视，包括时刻注意发现人才，精心培养和任用人才，认真考核鉴别人才，坚持任人唯贤，反对任人唯亲等四个方面。他的人才观念方面，有许多精辟的见解已形成格言式的警句，如：

有才而不用与无才同，用之而不使尽其才与不用同。

崇实行而不事虚名，秉公衷而不持偏见。

才德兼备，表里粹然。

立政之道，察吏为先。

使天下之才皆足以为我用。

因其所长而分任之。

求一实字。

林则徐曾两次担任考官。

1816年秋，31岁的林则徐从北京到江西南昌担任乡试副主考官。事关选拔人才，林则徐非常认真。在考试中杜绝舞弊，精心阅卷，一丝不苟，负责到底。这次乡试共取中94人。发榜后，林则徐"出门拜客，访询舆论，均谓此次所录，清贫绩学者甚多，谓之清榜"。"清榜"之誉，是林则徐走上仕途后得到的首次赞扬。

1819年，34岁的林则徐出任云南乡试考官。他深知评阅试卷，对一个人的前途来说，是"定弃取于俄顷之间，判升沉于恍惚之际"，不能有半点马虎轻率。林则徐与副考官吴慈鹤一起，精心判卷，认真评点，择优录取正榜54名，副榜10名，并把其中14份优秀的试卷带回北京，呈交皇上阅览，以求发现人才，唯恐埋没人才。

林则徐身居高位后，对于每一次的科举考试都极为重视。据李元度在《林文忠公事略》中说：江南文化繁盛，因而应考士子众多，以致考场发生挤死人的事。可见混乱到何种程度。林则徐任江苏巡抚后，亲临考试现场，亲自指挥，对考生分三路点名，印发考试规则，鸣炮悬旗，

林则徐：十无益格言

使考场变得肃穆有序。林则徐作为一省之长，对"粥饭水夫之类，无不躬自稽察，就号而亲尝之"。身为高官，实为公仆。

在阅卷中，为了真正发现人才，林则徐力除草率和评语空洞，诸如"欠精警""少出色"之类评语，一律不准使用。对马虎阅卷和考生作弊者，均及时给予处分。因林则徐方法得当，措施有力，赏罚分明，江苏多年来科举考试的混乱局面为之一扫。

通过科举考试发现人才，是林则徐关注的一个方面。从一切场合中发现人才，予以高度重视，是林则徐爱才惜才的一大特点。中国近代著名的改良思想家冯桂芬，就是林则徐初任江苏巡抚时，在考课书院发现的人才。当林则徐敏锐的目光认定冯桂芬有培养前途时，就把他调到自己的身边，代办文书，校对书稿，边观察，边培养。冯桂芬后来的成就与林则徐的伯乐之举有直接关系。

在鸦片战争中，固守台湾，三次击败英军侵略，并重创敌军的姚莹，当时的职务是"按察使衔兵备道"，姚莹能够在反侵略战争中为国家做出重大贡献，也与林则徐慧眼识才直接相关。道光十二年七月，身为江苏巡抚的林则徐，在考核众多候补为官的人员中，选中姚莹担任长州知县。两年后，林则徐对姚莹再度考察，在评语中写道："学问优长。所至于山川形势，民情利弊，无不悉心讲求，故能洞悉物情，遇事确有把握。前在闽省，闻其历著政声。自到江南，历试河工、漕务，词讼听断，皆能办理裕如，武进士民，至今畏而爱之。"根据这种切实的考察，林则徐会同两江总督陶澍共同荐举姚莹由知县晋升为知府。姚莹在回顾自己一生的经历时，把林则徐的伯乐之举视为一生中十大幸事之一。

尊重事实，量才使用，凡事"求一实字"，是林则徐用人之道的核心。道光十七年，道光帝指定林则徐考察湖北巡抚周之琦。林则徐绝不揣摩皇上的心思倾向，也不盲目听信他人的议论，而是经过认真的考核，秉笔直书。他在给道光帝的奏折中强调"事事务求真实"。对于周之琦的品德和才能，林则徐做了如下评语：

至周之琦，向虽与臣同官翰林，而未曾共办公事。今在楚北同城已逾半载，随时留心访察，知其操守清廉，性情朴直，于属员不假辞色，于公事不许通融，或有议其太板者，臣窃以为正是好处，即其与臣议论公事，亦能自抒所见，不稍依阿，臣转以是重之。

当时林则徐的职位是湖广总督，周之琦是湖北巡抚，这是封疆大吏一品大员奉皇上之命对一位省级要员的考察评语。林则徐对周之琦的德，是肯定的，有人认为周之琦"太板"，即缺乏灵活性，而林则徐认为这正是他的长处，即敢于坚持原则。因为周之琦能"自抒所见，不稍依阿"，林则徐因此而更看重了他。但是作为一省级要员，只有德是不够的，必需才德兼备。因此，林则徐在评语中又写道："唯其才情未能肆应，似于事务殷繁之大省，未必游刃有余，若在中等省份，整肃吏治，挽回风俗，颇有确不可拔之劲，当不至废弛。"

从林则徐对周之琦德和才的评价，以及任用的建议中看，林则徐不愧为知人善任。首先，林则徐充分肯定了周之琦"操守清廉，性情朴直，于属员不假辞色，于公事不许通融"，但又指出他的才能，处理一个大省的殷繁事务，不能游刃有余。以其才，可调至中等省份任职；以其德，重在"整肃吏治，挽回民风"。林则徐在奏折的结尾强调"必应知无不言，言无不尽，岂容自昧天良"，"据臣所见，切实上陈，不敢有一语假借"，显示了光明磊落的人格。

按照清朝的制度，每三年对省、道、府、县的官吏要考核一次，称为"大计"。林则徐从政多年，积累了丰富的经验。他在《密陈司道府考语折》中，总结了自己考核下属官员的一套办法。首先是自察，取得直观印象，不轻信间接的材料。在考察中重政绩，不拘于一时一事，而是随时注意考察，对"司、道、府之立心、行事、人品、官声"——了解，综合评判，以求"灼见无遗"，然后亲自写评语，抄录成册，上报备察。

林则徐官至湖广总督时，写过一篇《密陈两湖文武大员考语折》，他以丰富的经验总结道："欲图整顿，务在得人，而人不易知，必当勤加考察。"他的考察办法是"一考诸公牍之事理，一验诸接见之语言，一澄诸采访之声名，一徵诸管辖之成效。总惟恪遵谕旨，求一实字"。这段话，包含了考察各级官员的能力、作风和政绩，最后归结为一个"实"字。

考察官员、识别人才，应有一套科学的办法，林则徐在当时的历史条件下，开始了这方面的摸索。据清代朱克敬在《暝庵杂识》中记载："林文忠公则徐才识宏远而学务缜密。每见客必详问其生平及技能、嗜好与所过山川风俗。所交豪杰，退即令记室籍之，凡四人专司其事。斋中置大框，函子箱十八，分省以藏籍，有所资考，按籍厘然，家居在官，常以搜访人才。"

他不仅重视从政的人才，对于有专长的技术人才也格外重视。为了开眼看世界，他对翻译人员尤其求才若渴。在虎门销烟之前，林则徐府中的翻译至少有四人，包括华侨袁德辉、翻译梁进德等。林则徐令他们将1838年7月16日至1840年11月7日的《澳门新闻纸》，译成汉文共六册，还翻译了《四洲志》和《各国律列》。中国人通过文字信息了解世界，自林则徐始；组织翻译工作，也自林则徐始。这是林则徐重视外语人才的直接结果。

林则徐重才惜才，但绝不为培植个人势力而结党营私，绝不图谋他人报恩，只是甘当伯乐而已。对种种不称职的官员，林则徐也绝不姑息迁就，更不充当他们的保护伞。他说："国不患无经世之人，而患有偾事之人。任事者，方兴利除弊，偾事者，即因利而兹弊。"所谓"偾事"，就是搞坏事情。为什么会偾事？图私利必滋生种种弊病。林则徐的用人之道，意在"养民裕国"，并非仅仅出于忠君。他的用人方针可以归结为：才德兼备者用，平庸无为者免，力不胜任者降，行为卑劣者黜。

洋务先驱

史料表明，林则徐和他的挚友魏源是中国开眼看世界的先驱人物。

除了前面说到的翻译外国书报之外，为了直接探访外情，林则徐放下钦差大臣的架子，学习英语词汇，以应接见外国人之需用。

林则徐曾直接向英国人喜尔询问英国与土耳其的情况；他请为他诊治眼疾的美国人伯驾参与西方《国际法》的摘译工作；他还向英国人喜尔和孟加拉人沙了解鸦片的种植、制造、品种和价格状况。这在视外国人为"夷人"的时代，敢于学习"夷语"，在清政府的封疆大吏中是罕见的。

1840年，林则徐又命人从西方报刊上摘译评论中国的资料，编辑成《华事夷言》一书；由袁德辉和伯驾从瑞士人滑达尔1758年出版的欧洲近代国际法权威著作《国际法》摘译有关内容辑成《各国律例》，成了中国最早的国际法中译本，比美国牧师丁韪良1864年（清同治三年）出版的《万国公法》中译本还早了25年。林则徐还命人摘译了英国僧侣地尔洼的《对华鸦片贸易罪过论》。

尤其重要的是，自1839年下半年至1840年，林则徐亲自主持翻译了英国人慕瑞（Hugh Murray）于1836年（清道光十六年）在伦敦出版的新书《世界地理大全》，并将其中译本定名为《四洲志》，这部世界最新政治、地理与国情著作是美国公理会传教士布朗牧师赠送给林则徐的。它的译著问世非同凡响，从此开创了近代中国探索研究西方——西学东渐之风。

由于国力的羸弱和清政府的腐败，鸦片战争以中国的失败而告终。1841年7月，受投降派的诬陷，林则徐被革去四品卿衔，从重发往伊犁戍边。次日林则徐离开居地镇海北上新疆，挚友魏源闻讯从扬州赶来相送。8月两人在镇江相会，同宿一室，对榻倾谈。林则徐将《四洲志》等译著和全部翻译外国书报资料赠与魏源，叮嘱他根据这些资料抓紧时间编撰出系统介绍世界各国的著作《海国图志》，以便中国公众及时开阔眼界，尽早了解世界。魏源早有此愿，当即郑重地接受了林则徐的嘱托。

魏源（1794—1857），湖南邵阳金潭人，他15岁中秀才，29岁中举，后屡试不第，捐资为内阁中书。1845年（道光二十五年）52岁的魏源才中进士，官至高邮知州。是清代与龚自珍齐名的启蒙思想家和爱国主义者，一生勤奋好学，著述甚丰。中进士前长期在江苏充任地方督抚的幕友，林则徐调任江苏巡抚时，魏源常至林则徐幕内磋谈兴利除弊事宜，协助林则徐处理公务，两人成为挚友。

1825年（清道光五年）魏源被江苏布政使贺延龄延聘入幕，帮助贺延龄在漕粮改河运为海运，确保京师粮食供应上大获成功，从此开始了他的"经世"实践。魏源还协助贺延龄主编120卷的《皇朝经世文编》，逐渐形成了自己的社会改革思想。1829年（清道光九年），他循例纳资为候补内阁中书舍人，内阁为清政府政令发出之所，典藏书籍极为丰富，魏源置身其中，博览群书，见闻日广，使他不仅更加熟悉和了解清代历史和典章制度，而且也领悟理解了其沿革与发展。

1840年爆发的鸦片战争打破了魏源的书斋生活，他坚决支持挚友林则徐的禁烟主张和抵抗政策，并接受了林则徐的推荐，入两江总督裕谦幕府，直接参加了浙东地区的抗英斗争。因投降派昏庸误国，魏源愤而辞职。1840年9月，攻占定海的英军军官安突德在浙江海面上被俘，在两江总督陈銮幕府的魏源应邀到宁波军营审讯他，并就安突德口供，旁采其他资料，写成《英吉利小说》，魏源自此开始对英国有了初步认识，萌发了"师夷"的思想，也形成了他写作《海国图志》的初衷。

鸦片战争开始后，魏源在扬州密切注视着林则徐在广东的禁烟运动和时局的发展，他理解林则徐的思想和正义果敢的禁烟措施，同时也为林则徐的个人安危和国家的命运担忧。林则徐被投降派陷害、革职遣戍的消息传到魏源耳内，他义愤填膺，怒作《寰海》诗十一首，痛斥清政府的腐败无能和投降派的血口诬人，指责战和不定和自毁长城的可耻行径。当他得知林则徐即将北上赴戍的消息后，立即从扬州赶赴镇江，看望阔别五年、时运不济的挚友，彻夜长谈，接受了林则徐赠送的《四洲志》和全部翻译外国书报资料后，面对挚友的郑重嘱托和自己师夷思想的即将实现，魏源激动感慨不已，他又赋诗两首，追忆这次难忘的志同道合者的会面。他不曾料到的是，这次会面竟是两人有生之年的最后一次，《海国图志》遂成为两人友谊的见证和思想共鸣的结晶。

1842年8月29日，中英《南京条约》签订。魏源得知消息后，受到极大震动。他敏锐地意识到，清政府因腐败而导致软弱，若不进行改革是难以为继的。他想通过清朝开国以来的历史找出盛衰之由，兴替之渐，再提出匡时济世的治安良策，于是写就14卷的《圣武记》，为《海国图志》的问世作了必要的思想准备。半年后的12月，他实践了自己的诺言，只用了一年半的时间编撰成50卷本《海国图志》，这部中国出版的世界地理历史专著是中国研究世界的开山之作，它以林则徐的《四洲志》为基本素材，又参考了魏源自己搜集、友人支援的历代史志，以及国外的舆图、书籍和外国传教士的最新著作，补充了很多林则徐无法找到的资料编撰而成书，较之《四洲志》更为全面、系统和完善。

林则徐故居

《海国图志》全书57万字，比8万字的《四洲志》增加许多内容，50卷本刊行以后，受到社会普遍欢迎。1847年（清道光二十七年），《海国图志》由50卷本扩充至60卷本，文字升至60余万，书中增加了对海外各国的概况介绍，新书在扬州刊行。1852年魏源又亲自到澳门、香港实地考察，访求资料，继续将60卷本又补成88万字的100卷本，刊行于高邮。林则徐赠给魏源的有关鸦片战争的档案资料和组织翻译的《澳门月报》等国外书报资料，也都利用起来编入书中，在《海国图志》中分别注明"欧罗巴人原撰""侯官林则徐译""邵阳魏源重辑"。

魏源在解释自己编著《海国图志》的目的时说："是书何以作？为以夷攻夷而作，为以夷款夷而作，为师夷长技以制夷而作"。他揭露了英国殖民者在世界各地的侵略和剥削，特别是它的东扩直接对中国构成了威胁，并探讨了英国"兵贾相资"的海盗式贸易与致富政策，指出其原因是英国政治制度造成的，要对付列强的侵略，像中国这样的弱国只能学习它的长处来与之抗衡。

在魏源的《海国图志》及其思想影响下，自19世纪60年代起，中国的洋务派开始出现并形成了后来的洋务运动。洋务派人物左宗棠主持重刻了《海国图志》，并亲自作序。另一位洋务派重要人物张之洞说："近人若邵阳魏源于道光之季译外国各书各新闻纸为《海国图志》，是为中国知西政之始。"魏源对西方资本主义文明的全面介绍，也给资产阶级维新派以重要启蒙。康有为早年读过《海国图志》，22岁时"复阅

精神不死

《海国图志》等书，购地球图，渐收西学之书，为讲西学之基矣"；梁启超则说："治域外地理者，源实为先驱。"他还说："魏氏好言经世之术，为《海国图志》，奖励国民对外之观念。""自道光二十年割香港、通五口，魏源著《海国图志》，倡师夷长技以制夷之说，林则徐乃译西报，实为变法之萌芽。"

林则徐和魏源不愧是半殖民地半封建社会中不甘落后、倡导新思想的先驱。

艺术才情

林则徐工于书法、诗，精于论书画。只是由于他政事繁忙，从而使他的书法、诗，被他的民族英雄的英名所掩盖。他一生公余从事的诗、书活动，与他的人格、情操，融为一体，更加真实感人，在中国文化史上也应有他的地位。

林则徐的传世书法作品极多。他的书法脱胎于柳公权，点画运笔，间架结构，分行布白，都有一种清新秀丽之态，现存于西安碑林之游华山诗刻石，书法遒劲可喜，独具风格，在晚清书家作品中亦为佳品。

林则徐一生治学态度严谨，不唉于厚利，不惮于艰难，当他走向仕途时，面对当时种种社会弊端，有着刻骨之恨，主张兴利除弊，改革内政，林则徐的道德、人格、气节，不能不影响着他的书法，他的作品以欧阳询书法为形质，去王羲之、董其昌书法的韵致，严谨中有灵秀，他的晚年作品则多渗有苏东坡笔意，写得厚重沉着。虽然，他一生中研习书法完全以帖学为基础，书法风格变化不大，但这在当时"馆阁"盛行的年代，能有悖于时尚，这对林则徐来说，已不是一件易事，何况他一生以仕进为第一目的，书法对他而言只是余事呢！

　　林则徐所处的时代，正是清朝封建统治每况愈下的时代，也是书法大变革即将来临的时代。由于清廷施行文化高压政策，文字狱时常发生，许多士子对官场早已胆战心惊，转而走向金石考据之学，解经注经、训诂考据，寻找文化静地。金石考据的盛行，使文物大量出土，尤其是魏碑的问世，又使许多人在考据之余转向学习书法，士子们不满当朝政治，对朝廷提倡赵、董书风与"馆阁"体必然会采取抵制态度，魏碑有幸地成了他们最适宜的范本。与林则徐先期的大学士阮元的《南北书派论》《北碑南帖论》鼓吹尊卑，与林则徐同时代的包世臣的《艺舟双楫》抑帖扬碑，激起书家取资金石的浓烈兴趣，带来了碑学的全面兴起，书家的审美视野由此而日益开阔。然而，在这碑学方兴未艾之际，林则徐却没有去寻找静地，没有走向金石考据之路，也没有去研习金石碑铭，而是积极入世，追求仕进，实现他的政治抱负。他一心想的是兴利除弊，为朝廷出力——他于清王朝的命运紧紧地联系在一起，他的书法依旧是经世致用。

　　中国书法受着传统文化的影响是很深刻的。从书写行为的发生、书写的内容，到书法艺术的品评，无不渗透着浓郁的传统文化的芬芳。林则徐的书法，有着动人的书卷气，有着文人的激奋之情，有着清代书家共有的学者风神。他的传世作品中自撰联句、自作诗文的内容很多，少有常见的旧文人式的迂腐气味，多以富有哲理的内容为主。如他所书的名联"海纳百川，有容乃大；壁立千仞，无欲则刚"，一直为人们喜爱，广为传颂，直到今天，喜欢书此联的书家不乏其人。

　　再如他的行草书轴，内容是："瓦盆注酒，与金盏银瓶同一醉；蹇驴布鞯，与雕鞍骏马同一游，松床筦簟，与玉枕绣衾同一寝，疏食菜羹，与炮凤烹龙同一饱。故知足者不生外慕。"这里表达的不仅仅是对物质享受的看法，而是从侧面反映了作者更深层次的思想境界：享受是于权力连在一起的，追求物质享受，极易产生"外慕"，同样，"外慕"也会刺激人的权力欲，此内容深具教育意义。

包世臣说："书道妙在性情，然性情在于心。"心，是指书家的理想、学养、气质、情感。书法之所以能千年不衰，是与书家的学养、气质紧密相连的，书法中的书卷气室书家通过读书而透悟、流露在书法作品中的意蕴，而林则徐是有深厚传统文化素养的士人，读他的书法，总是有股浓郁的纯真质朴的清香，其书法形式和内容相互辉映并达到了默契，这是既不容易的。

林则徐所处的时代也是科举考试必须用"馆阁体"的时代，也是帖学衰落的时代。由于林则徐的学识渊富和识广见多，因而他的书法并没有完全陷入"馆阁"的泥潭，相反，深厚的帖学素养造就了扎实的工夫，这正是他的书法可贵之处。可以说，林则徐的书法也是愈到晚年，愈变化从心，有着严谨清逸、温醇典雅的景象。

林则徐还是一位出色的诗人。他的一生，公余写诗，数量颇巨。据统计，目前已发现的有653首。生前未刊刻过。林则徐去世后结集刊刻的早期有《拜石山房诗集》《黑头公集》两种，已佚。光绪十二年（1886）林则徐孙林泂溆刊刻其祖父的诗集《云左山房诗钞》，是选节本，并非全集（亦是一个较完整的本子），收录其诗574首。散见于前人撰述的引录、手书墨迹也不少。今人郑丽生先生经其所搜集并加以增补的林诗，共录653首，是为《林则徐诗集》，为今所见最完整的林诗版本。

林则徐与梁章钜、廖鸿泉被视为当时福州的三才子，均善于诗文。如陈石遗评论林则徐称："公少工骈俪，饶有才华"。

林则徐为我们留下如此之多的诗作，呈现了摇曳多姿的风格和艺术技巧，随着他一生经历的变化与时局的急剧变迁，他的思想及风格、艺术技巧也随之变化。这653首诗，最真切地反映了他的心灵历程。

嘉庆二十四年（1819）闰四月，林则徐派充云南乡试正考官。这段经历引起思想、艺术风格的变化。美丽的山川河流、古老的历史文化以及沿途苦难贫穷的人民形成了十分尖锐的对比。他抑制不住内心的激动惊叹道：

> 万笏尖中路渐成，远看如削近还平。
>
> 不知身与诸天接，却讶云从下界生。
>
> 飞瀑正施千嶂雨，斜阳先放一峰晴。
>
> 眼前直觉群山小，罗列儿孙未得名。

这首诗，题为《即目》，画中有诗，诗中有画，群山起伏，峰峦叠错，如在目前。林则徐一些写景诗使人有身临其境之感。"不知身与诸天接，却讶云从下界生"，不但写出山之高大奇险，而且形象生动。

云南一行，使他有机会接触下层劳动人民。他的"民本"思想的形成，此次云南之行，是一大关键。如《舆人行》：舆夫习险百不惊，登山仍如平地行……前者欢呼后者应，歌声嘲哳难为听。我恐须臾系生死，彼方谈笑轻身命。嗟尔生涯剧可怜，劳劳竟日偿百钱。答言不觉登顿苦，生来俱惯巉岩颠……

林则徐赞美劳动人民乐观，不怕劳累，不怕死的精神和品质，同时也对其生活的困苦寄予真诚的同情，是一首鲜明地反映林则徐"民本"思想形成的诗作。与此相应的是，诗平淡直抒、白描，达到思想与风格的一致。

如果说他在云南的日记所载的只是一些下层人民生活的现象，那么，他途中写的诗则更为深刻地反映他的民本思想的最初形成。如《裕州水发，村民昇舆以济，感而作歌》：

> 仰睇云物纷莽苍，今见阴雨来其雱。

舆人缩足僮仆恇，我亦四顾心彷徨。

村夫歔来灿成行，踊跃为我褰衣裳。

舁我篮舆水中央，如凫雁泛相颉颃。

水没肩背身尽藏，但见群首波间昂。

我恐委弃难周防，幸以众擎成堵墙。

我舆但如箕簸扬，已夺险坎登平康。

后人对此诗评说："有风波骤聚之势"，"太史公叙垓下之战，为千古妙笔，此诗亦何多让"，足见其在艺术技巧上的成就，写出了洪水的气势。

《驿马行》是林则徐直接描写官吏压迫百姓和人民痛苦生活，表现林则徐某种沉痛愤怒的感情的代表作：

有马有马官所司，绊之欲动不忍骑。

骨立皮干死灰色，那得控纵施鞭棰！

生初岂乏飒爽姿，可怜邮传长奔驰。

昨日甫从异县至，至今不得辞缰缲。

曾被朝廷豢养恩，筋力虽惫奚敢言。

所嗟饥肠辘轳转，只有血泪相和吞。

侧闻驾曹重考牧，帑给刍钱廪供菽。

可怜虚耗大官粮，尽饱闲人圉人腹。

况复马草民所输，征草不已草价俱。

厩间槽空食有几，徒以微畜勤县符。

……

后人评《驿马行》称"神似少陵，读之令人声泪俱下。"此诗同样接近杜诗风格。

道光十八年（1838），林则徐赴广州禁烟。林则徐此时充满自信、豪迈。如《眺月》：

> 是时战舰多貔貅，相随大树撼蚍蜉。
> 炮声裂山杂鼓角，樯影蘸水扬旌旒。
> 楼船将军肃铃律，云台主帅精运筹。
> 大宣皇威震四裔，彼伏其罪吾乃柔。
> ……
> 蛮烟一扫海如镜，清风长此留炎州。

这首诗表现出自信、豪迈，充满着激情。风格与前期诗已有变化，由清淡而变为激情，议论多于描写。这与诗的思想内容也是一致的。

定海清军的失败，林则徐受到革职惩处。这对林则徐的打击是沉重的，心情也是复杂的。他写有《庚子岁暮杂感》诗四首，其一：

> 病骨悲残岁，归心落暮潮。
> 正闻烽火急，休道海门遥。
> 蜃市连云幻，鲸涛挟雨骄。
> 旧惭持汉节，才薄负中朝。

这首诗表现低沉。病骨、残岁、暮潮表现出了他心情的低落。其中也不免自怨自艾，然而，对国家危亡的忧患意识溢于言表。

林则徐受到处分，从浙江镇海到河南协助王鼎治理黄河，在这个时期他的诗在失望中寄托新的希望。他希望有朝一日重新担起抗英重任。

元老忧时鬓已霜，吾衰亦感发苍苍。

余生岂惜投豺虎，群策当思制犬羊。

人事如棋浑不定，君恩每饭总难忘。

公身幸保千钧重，宝剑还期赐上方。

失望与希望、个人的悲愤与对国家前途的关注都凝注于诗，形成沉郁、厚重的艺术风格，酷似杜甫的诗风。

林则徐遣戍伊犁之后，写出的《回疆竹枝词》24首，可说是一幅明丽、清新的风物画。对当地少数民族的风土人情习惯的描述很逼真、生动。如：

桑葚才肥杏又黄，甜瓜沙枣亦糇粮。

村村绝少炊烟起，冷饼盈怀唤作馕。

这首描述新疆民族的生活的诗，反映了人民生活贫苦，格调明快、流畅，具有民歌之风。

林则徐的诗作，达到了较高的艺术成就，同时也展现出一位忧国忧民、胸怀坦荡的民族英雄的高洁情怀。

附录

林则徐名言

1. 苟利国家生死以，岂因祸福避趋之。

2. 海纳百川，有容乃大；壁立千仞，无欲则刚。

3. 海到天边天作岸，山登绝顶我为峰。

4. 若鸦片一日未绝，本大臣一日不回，誓与此事相始终，断无中止之理。

5. 蛮烟一扫海如镜，清气长此留炎州。

6. 子孙若如我，留钱做什么，贤而多财，则损其志；子孙不如我，留钱做什么，愚而多财，益增其过。

7. 法之轻重，以弊之轻重为衡，故日刑罚世轻世重，盖因时制宜。

8. 若犹泄泄视之，是使数十年后，中原几无可以御敌之兵，且无可以充饷之银。

9. 终为中国患者，其俄罗斯乎？君等当见之。

10. 不信玉门成畏道，欲倾珠海洗边愁。

11. 淫逸骄奢，仕途无益。

12. 孤舟转峡惊前梦，绝蹬飞泉鉴此心！

林则徐年谱

乾隆五十年　1785年　一岁

8月30日（公历，下同），林则徐生于福建侯官。

父林宾日，贡生，母陈帙，家贫。

乾隆五十三年　1788年　四岁

林父就馆罗氏，从父入塾读书。

乾隆五十四年　1789年　五岁

4月12日，妻郑淑卿生。

乾隆五十六年　1791年　七岁

开始学作文。

嘉庆元年　1796年　十二岁

充佾生。

嘉庆二年　1797年　十三岁

应府试得第一名。父林宾日得贡生。

嘉庆三年　1798年　十四岁

考中秀才，就学鳌峰书院。

嘉庆七年　1802年　十八岁

是年，林宾日组织真率会，反对泥古守旧，反对虚伪。

嘉庆九年　1804年　二十岁

三月，林父就馆于文笔书院。

秋，林则徐参加乡试，中举第29名，旋与郑淑卿结婚。

十二月，林则徐赴京会试。北京陶澍组织消寒诗社。

嘉庆十年　1805年　二十一岁

3月，在北京第一次会试不中。

6月，离京返闽。

12月，抵闽，外出当塾师。

嘉庆十一年　1806年　二十二岁

7月，撰《林希五文集后序》，表示对林希五的尊敬。

秋，应厦门同知房永清之聘，任书记。初步接触鸦片流毒情形。

嘉庆十二年　1807年　二十三岁

春，入幕福建巡抚张师诚，司笔札。

嘉庆十六年　1811年　二十七岁

6月17日，第三次参加会试，以二甲第四名中进士，授翰林院庶吉士。

嘉庆十七年　1812年　二十八岁

春，家居福州。

11月26日，离榕赴金陵，在两江总督百龄署度岁。

嘉庆十八年　1813年　二十九岁

6月7日，入庶常馆学习。

嘉庆十九年　1814年　三十岁

正月初四日（1月24日），长子汝舟生。

七月（8月），充国史馆协修，开始关注水利问题，酝酿写作《北直水利书》。

嘉庆二十一年　1816年　三十二岁

7月，英国派阿美士德来华，谋求通商特权。

8月9日，任江西乡试副考官，为国选拔人才。

12月9日，到翰林院清秘堂办事。

嘉庆二十二年　1817年　三十三岁

6月，被保送御史引见记名。

嘉庆二十四年　1819年　三十五岁

4月，为会试同考官。

9月19日，抵云南昆明，任云南乡试正考官。

是年，参加宣南诗社活动。

嘉庆二十五　1820年　三十六岁

3月21日，嘉庆帝引见，出任江南道监察御史。

6月3日，外放浙江杭嘉湖道。26日，离京南下。8月27日，抵杭州上任。

道光元年　1821年　三十七岁

8月25日，父病，挂印回乡。

道光二年 1822年　三十八岁

6月，出京，前往浙江任道员一职。

7月23日至杭州，8月受任监试文闱。

9月，协助浙江巡抚帅承瀛兼理盐政，留署浙江盐运使。

道光三年　1823年　三十九岁

2月4日，至清江浦任淮海道。中旬，升任江苏按察使。

3月，接任江苏按察使。

道光四年　1824年　四十岁

1月15日，接署江宁布政使。

道光八年　1828年　四十四岁

1月24日，赶到浙江衢州，扶父柩返乡。在家守孝期间，倡导重浚福州小西湖。

道光九年　1829年　四十五岁

11月，重修李纲祠于小西湖荷亭。

道光十年　1830年　四十六岁

8月17日，授任湖北布政使。

道光十一年　1831年　四十七岁

1月，道光帝改任其为河南布政使，4月正式履职。

9月8日，在扬州接印，就任江宁布政使，沿途查勘灾情。

11月，奉旨擢升东河河道总督。

道光十二年　1832年　四十八岁

7月5日，接任江苏巡抚。下旬，赴江宁监临江南乡试文闱，改革科举考试弊端。

9月，赴扬州勘灾，并缉拿决堤要犯陈端。

道光十三年　1833年　四十九岁

任江苏巡抚期间，因江苏灾荒严重，奏请缓征漕赋全力以赴赈灾。

道光十四年　1834年　五十岁

主持疏浚白茆河、刘河。

道光十六年　1836年　五十二岁

在江宁接署两江总督兼两淮盐政。

道光十七年　1837年　五十三岁

4月，自京抵达武昌，接任湖广总督。

道光十八年　1838年　五十四岁

6月，奏陈禁烟方策六条，坚决支持黄爵滋严禁主张。

8月，湖广禁烟初告成效。

11月，奉旨入京觐见。12月26日抵达北京。从次日起，道光帝接连召见八次，商讨禁烟方略。31日，受命为钦差大臣，南下广东查办海口事件。

道光十九年　1839年　五十五岁

3月10日，抵达广州。18日，召集十三洋行商人宣布命令，命各国烟贩限期呈缴鸦片。

4月，出赴虎门，查验收缴趸船烟箱。

6月3日至23日，虎门硝烟。

道光二十年　1840年　五十六岁

1月5日，道光帝改任林则徐为两广总督。

6月下旬，英国侵华远征军开抵澳门海口，28日封锁珠江口，鸦片战争正式爆发。林则徐积极联系，提醒、呼吁各方抗敌。

9月24日，上奏自请处分并力陈制炮造船主张。

10月25日，被革去官职，暂时留守广东。

道光二十一年　1841年　五十七岁

1月，英军攻陷大角、沙角炮台，强占香港。

林则徐忧心如焚，多方奔走，并劝说怡良揭露琦善罪行。

4月，上书奕山，提出防御粤省方策六条，未被采纳。

6月，道光帝下旨革去林则徐官职，流放伊犁。

道光二十二年　1842年　五十八岁

3月，助王鼎完成治水工程，奉旨赴伊犁。

12月10日，抵达戍所伊犁惠远城。

道光二十四年　1844年　六十岁

协助布彦泰办理阿齐乌苏废地垦务，并捐资认修龙口水渠工程。

道光二十五年　1845年　六十一岁

2月，在吐鲁番推广坎儿井技术。

3月，和全庆勘察库车垦地情况。

4月至10月，勘察乌什垦地等南疆十几处垦地。

12月4日，在哈密奉旨释放。9日，从哈密起程入关。20日，在玉门县接旨，以三品顶戴接署陕甘总督。

道光二十六年　1846年　六十二岁

1月7日，在凉州接印，任陕甘总督。

3月，自凉州至西宁，查办黑错寺杀害土司千户杨国成事件。

7月，一举剿灭黑错寺叛乱。

8月15日，离开兰州。30日，在西安接任陕西巡抚，办理赈灾，拘捕"刀客"。

道光二十七年　1847年　六十三岁

7月31日，在昆明就任云贵总督，处理汉回互斗事件。

11月22日，夫人郑淑卿病逝于昆明。

道光二十九年　1849年　六十五岁

8月5日，由于病情加剧，奏请回乡调治。

9月10日，道光帝下旨准予病退。

10月下旬，离开昆明，踏上返乡之路。

道光三十年 1850年 六十六岁

1月5日，林则徐在湘江上会晤左宗棠。4月，返回故乡福州。

10月17日，咸丰帝下旨命林则徐为钦差大臣，驰驿前赴广西。

11月5日，林则徐奉旨带病奔赴广西；22日，病逝于普宁行馆。

12月15日，咸丰帝下诏晋赠林则徐太子太傅，赦免其任内一切处分，谥号"文忠"。